Maida Causevic

Gewaltfreie Kommunikation im Islamischen Religionsunterricht

Wie Sprache und Emotionen das Verständnis von Koranversen prägen

Bibliografische Information der Deutschen Nationalbibliothek:

Die Deutsche Nationalbibliothek verzeichnet diese Publikation in der Deutschen Nationalbibliografie; detaillierte bibliografische Daten sind im Internet über http://dnb.d-nb.de abrufbar.

Impressum:

Copyright © Studylab 2020

Ein Imprint der GRIN Publishing GmbH, München

Druck und Bindung: Books on Demand GmbH, Norderstedt, Germany

Coverbild: GRIN Publishing GmbH | Freepik.com | Flaticon.com | ei8htz

II

Inhaltsverzeichnis

Vorwort

Im Rahmen meiner Ausbildung zur Gewaltfreien Kommunikation bin ich auf einen Ausspruch des islamischen Mystikers Dschalal ad-Din al-Rumi gestoßen. Das Zitat hat mich sehr zum Nachdenken angeregt, es lautet wie folgt: *„Jenseits von Richtig und Falsch gibt es einen Ort. Dort treffen wir uns!"*[1]

Ich dachte mir damals, was macht es mit einem religiösen Menschen, zu wissen, dass man ausreicht und dass man ganz richtig ist, wie man ist, wenn man alles schwarz-weiß Denken beiseite lässt. Wo kann dieser Ort liegen?! Was wird dann aktiv und lebendig in einem Menschen und inwieweit kann es unser aller Leben bereichern? Ich kam zu dem Schluss, dass es für die eigene Friedensbildung und schließlich für die Gesellschaft im Allgemeinen von immenser Bedeutung ist, einen Raum freizuhalten, in dem die menschliche Seele geschützt, geborgen und sicher ist. Ich denke, dass dieser Raum im Religionsunterricht seinen Platz finden kann.

Diese Arbeit wäre niemals zustande gekommen, wenn ich nicht Unterstützung, Wohlwollen, Verständnis, Interesse, Freude, Freiheit und Autonomie erfahren hätte. Mein Umfeld gab mir die nötige Kraft, in schwierigen und verzweifelnden Momenten durchzuhalten. Genau aus diesen erwähnten Gründen spüre ich große Dankbarkeit und will diese in den folgenden Zeilen zum Ausdruck bringen.

An erster Stelle gebührt der größte Dank dem Allmächtigen Herrn der Welten, welcher es immer wieder schafft, Stärke, Halt, Sicherheit, Orientierung und Durchhaltevermögen in mir zu aktivieren um meine Seele zufrieden zu sehen.

An zweiter Stelle danke ich meiner gesamten Familie, die vor allem in den letzten Monaten mein Halt, Freude, Inspiration und Motivation gewesen waren die Arbeit fertig zu schreiben.

Zu guter Letzt danke ich meinem Betreuer Univ.-Prof. Dr. phil. Ednan Aslan für die geduldige und kompetente Begleitung, die durch etliche Anregungen und Kritikpunkte während der gesamten Arbeitsschritte unterstützend war.

---

[1] Orth, Gottfried: Friedensarbeit mit der Bibel. Göttingen: Verlag Vandenhoeck & Ruprecht GmbH 2011, S. 7.

1 Einleitung und Problemstellung

Im Rahmen der Masterarbeit wird der Frage nachgegangen, welche Ansätze und Konsequenzen im Koran für eine gewaltfreie Gott- und Mensch-Beziehung abzuleiten sind. Ziel ist es, für den Islamischen Religionsunterricht ein theoretisches Unterrichtskonzept nach der gewaltfreien Kommunikation zu erstellen.

Der Fokus liegt auf der Frage, welche Gefühle bei den SchülerInnen geweckt werden können, wenn sie sich mit bestimmten Versen aus dem Koran beschäftigen. Dabei sind nicht nur die Auslösung der Gefühle von Wichtigkeit, sondern deren zugrundelegenden Bedürfnisse.

Lernen ist eine wechselseitige Beziehung, da in einer Beziehung immer eine ständige Beeinflussung zwischen beiden Beteiligten besteht. Lernen ist zwar ein kognitiver Akt, jedoch beeinflussen Emotionen den Lernprozess ebenfalls. Daher ist Lernen niemals ohne Beeinflussung der Emotionen möglich. In Unterrichtskonzepten wird die Emotionalität im Unterricht zu wenig berücksichtigt. Von daher rührt das Interesse die Emotionen, die im Lernprozess auftauchen können, transparent zu machen. Kenntnisse über die emotionalen Aspekte des Lernens helfen somit, den Lernprozess besser zu verstehen und zu steuern.

Als Lehrperson hat man zumindest die Anforderung, so neutral wie möglich zu unterrichten, was sich in der Realität als möglich erweisen kann, wenn die Lehrperson selbst über eine bewusste kommunikative Kompetenz und Reflexion ihres Tuns verfügt.

ReligionspädagogInnen obliegt eine große Verantwortung, indem sie sich die Fragen stellen müssen: Welche Inhalte können meine SchülerInnen ertragen und weitertragen und welche Inhalte sind zu diskutieren, kritisch zu hinterfragen und auf die Neuzeit hin neu zu überdenken? Demnach gibt man den SchülerInnen im Rahmen des Islamischen Religionsunterrichtes die Möglichkeit, ihren eigenen und persönlichen Weg in der Religion zu gehen.

Im Rahmen des Religionsunterrichtes sollen SchülerInnen dazu befähigt werden, ihren auftauchenden Gefühlen in der Auseinandersetzung mit koranischen Texten Aufmerksamkeit zu schenken, um Denkprozesse anzuleiten, die ihr eigenes religiöses Verständnis stärken und es möglich machen, in einer persönlichen Sprache mit Gott zu kommunizieren.

In dieser Masterarbeit stehen vor allem jene Kompetenzziele im Vordergrund, die durch die emotionale Anregung geweckt werden können:

1. Sozial - Kommunikative Kompetenz

SchülerInnen haben Respekt, zeigen Akzeptanz und können religiösen Erfahrungen der MitschülerInnen lauschen. Sie können sich in ihre MitschülerInnen einfühlen, ihre Schwierigkeiten verstehen und zeigen Interesse an ihrem Wesen.

2. Emotionale Kompetenz

Die SchülerInnen werden zur kritischen Reflexion religiöser Inhalte durch das Fühlen der koranischen Verse befähigt.

3. Religiöse Kompetenz

SchülerInnen können zu den koranischen Versen Stellung beziehen und sich eine Meinung bilden.

4. Handlungs -und Deutungskompetenz

SchülerInnen können die koranischen Verse interpretieren, deuten, bewerten und deren Relevanz in ihrem Leben zuordnen.

Dadurch, dass Gott mit den Menschen in Kommunikation tritt, zeigt dies, dass die Qualität der Kommunikation wesentlich zur Gott-Mensch Beziehung beitragen kann. Es geht demnach nicht nur darum, einen koranischen Text zu lesen, sondern auch darum, ihn als etwas Lebendiges im Alltag zu erfahren. Die Frage, die sich hier stellt, lautet: *„Was will Gott dem Menschen durch einen bestimmten koranischen Textabschnitt mitteilen?"* und *„Welche Gefühle werden hier von mir ausgelöst?"*

Durch das Gott-Mensch Gespräch entwickelt sich eine Beziehung, die dazu führen kann, die Religion als etwas Lebendiges zu erfahren. Es entsteht ein Diskurs zwischen Gott und dem Menschen. Kommunikative Kompetenz ist also nicht nur für zwischenmenschliche Beziehungen dienlich, sondern auch für die Mensch-Gott Beziehung. Daher hat sich folgende zentrale Fragestellung entwickelt:

> Welche Impulse können sich aus der Analyse ausgewählter koranischer Verse nach der Methode der gewaltfreien Kommunikation ergeben, um eine persönliche und lebendige Gott – Mensch Beziehung anzuregen?

1.1 Forschungstand

„Emotionen beeinflussen unser Wahrnehmen, Denken und Handeln, wenngleich wir uns dessen oft wenig bewusst sind."[2] *Jedem Sprechen geht ein Gefühl voraus, das den Impuls zum Handeln erst gibt. „Emotionen haben daher auch einen bedeutenden Anteil daran, ob schulische Prozesse gelingen oder misslingen."*[3] In der psychoanalytischen Pädagogik, beispielsweise, beschäftigt sich man seit ihren Anfängen mit den Fragen der Emotionen und deren Einflüsse im Unterricht.[4]

Forschungen im Bereich der Aufschlüsselung der koranischen Verse nach der gewaltfreien Kommunikation sind bislang nicht bekannt. Dahingehend gibt es ebenso keine Forschungen darüber, welche Auswirkungen sie auf den Lernprozess der SchülerInnen im Religionsunterricht haben.

Weiters ist kein theoretisches Unterrichtskonzept vorhanden, welches den Koran aus der Sicht der Gewaltfreien Kommunikation belichtet und erläutert. Dadurch, dass bislang keine Arbeit existiert, die koranische Verse anhand der gewaltfreien Kommunikation aufschlüsselt, werde ich mit meinen Emotionen arbeiten müssen. Dabei lege ich sehr großen Wert darauf, dass auch ich als Autorin den auftauchenden Gefühlen keine Bewertung beimesse.

Mit Hilfe der Methodik, die der vier Schritte, die die gewaltfreie Kommunikation bietet, ist es möglich, Zugang zu den emotionalen Prozessen, die im Unterricht stattfinden, zu erhalten und transparent zu machen. Von daher ist es mir ein Anliegen, mit der Arbeit diese Forschungslücke auszufüllen, um einen Beitrag für den Islamischen Religionsunterricht zu leisten.

1.2 Forschungsmethode

Bei meiner gewählten Forschungsmethode handelt es sich um eine reine Literaturarbeit. Um die Forschungsfrage beantworten zu können, werde ich nach der hermeneutischen Textanalyse arbeiten.

---

[2] Datler, Margit: Die Macht der Emotion im Unterricht : eine psychoanalytisch-pädagogische Studie, Gießen: Psychosozial-Verlag, 2012, S.11.

[3] Ebd.

[4] Vgl.Datler, Margit: Die Macht der Emotion im Unterricht : eine psychoanalytisch-pädagogische Studie, Gießen: Psychosozial-Verlag, 2012, S.11.

Die hermeneutischen Ansätze im Umgang mit dem Koran werden durch die Methoden der gewaltfreien Kommunikation ausgelegt. Da die unterschiedlichen hermeneutischen Ansätze zu unterschiedlichen Auslegungen führen, habe ich mich für die Methode der gewaltfreien Kommunikation entschieden. Diese Methode ist sehr gut geeignet, um die koranischen Verse im Lichte der neuen pädagogischen Erkenntnisse zu verstehen und um eine Korrelation zwischen der Lebenswirklichkeit der Kinder und der Offenbarung zu herstellen. In der islamischen Wissenschaftstradition haben wir keine Instanz, die über eine mögliche und endgültige Deutung entscheidet.

Hierbei werde ich mich auf die ersten vier Suren im Koran fokussieren: 1. al-Fatiha, 2. al-Baqara, 3. Al 'Imran und 4. an-Nisā und diese mithilfe der gewaltfreien Kommunikation analysieren bzw. kategorisieren.

Die ersten vier Suren habe ich aus dem Grund gewählt, da sie viele ethische Werte und gesellschaftliche Phänomene ansprechen.

In der Sura al-Fatiha wird intensiv die Beziehung zwischen dem Schöpfer und dem Menschen beschrieben. Sie eröffnet den Koran mit der These über die Einzigkeit Gottes und dass sich der Mensch für all seine Taten im Jenseits verantworten wird müssen.[5] Zusätzlich ist es nur durch Gottes Kraft möglich, Rechtleitung zu erfahren.

Diese Sura wird in jedem der 5 täglichen Pflichtgebete wiederholt und erfährt hier ihre Wichtigkeit. Dadurch, dass die SchülerInnen im Unterricht in immer wiederkehrenden Abständen mit der Sura al-Fatiha konfrontiert werden, bietet sich die Möglichkeit, viel weiter in die Textanalyse der Sura einzutauchen, indem die SchülerInnen einen persönlichen Zugang zu den Versen der al-Fatiha entwickeln. Für die erste Sura lässt sich im Rahmen des Religionsunterrichtes das Thema der Glückseligkeit leicht erarbeiten, da die Sura al-Fatiha von einem Anspruch darüber ausgeht, dass der Mensch seinen geraden Weg im Leben gehen soll. Sie sollen die Sura al-Fatiha auf ihr Leben hin reflektieren können. Der Mensch hat also immer eine Möglichkeit, sein Schicksal selbst in die Hand zu nehmen und kann auf Gottes Unterstützung bauen.

Für die zweite Sura, al-Baqara, habe ich mich für das Thema der gottesbewussten Menschen entschieden, da Gott in der Sura immer wieder den Menschen dazu

---

5   Vgl. Asad, Muhammad: Die Botschaft des Koran. Ostfildern: Patmos Verlag 2011, S. 24.

aufruft, bewusst und verantwortungsvoll im Leben zu handeln, da Gottesbewusstsein mit einem aktiven Handeln einhergeht. Das will heißen, dass auch, wenn einem Menschen Unrecht geschieht, er sich nicht auf die Rache fokussieren soll, sondern auf die Vermeidung von größerem Schaden.

Die Hauptschwerpunkte der Sura können in den vier grundlegenden Themen liegen und zwar der 1. Glaubenserschütterung, 2. der Freiheit, 3. der Stärke versus Schwäche und schlussendlich 4. des Glaubensverlustes.

Die Sura al-Baqara vereint ebenso die Verantwortung des Menschen gegenüber seinen Taten und der Feststellung, dass der Glaube an Gott dem Menschen intellektuell zugänglich ist.

Die Sura Al 'Imran behandelt die Abhängigkeit des Menschen durch Gott und der Forderung an den Menschen, authentisch zu sein. Die Authentizität braucht es, damit der Mensch die Gott-Mensch Beziehung durch Schicksalsschläge hindurch aufrechterhalten kann. Gott fordert den Menschen dazu auf, seinen Glauben zu verteidigen. Damit will gemeint werden, dass - wenn ein Mensch an das herabgesandte Wort glaubt - dieser auch Auseinandersetzungen mit Andersdenkenden ausgesetzt werden wird. Mitunter kann ein gläubiger Mensch auch verspottet und missachtet werden. Ziel ist es, die SchülerInnen dazu zu bewegen, nachzudenken, welchen Stellenwert der Glaube in ihrem Leben einnimmt und welchen Kampf sie mit sich selbst führen müssen, damit sie sich selbst treu bleiben können.

Die Sura an-Nisā spricht auf der einen Seite explizit Frauenrechte an, auf der anderen Seite werden verpönte Verhaltensweisen von Heuchlern angesprochen. SchülerInnen sollen darüber reflektieren, welche Frauen sie für ihren tiefen Glauben an Gott bewundern und was sie von ihrem Leben für sich selbst entnehmen können, indem gleichzeitig aufgezeigt wird, dass Gottesbewusstsein kein Geschlecht kennt und jede Seele für ihr Handeln zur Verantwortung gezogen wird.

Um die Suren bedürfnisorientiert entschlüsseln zu können, werde ich ein Kartenset zur gewaltfreien Kommunikation von Katja von Gizycki[6] anwenden. Das Kartenset beinhaltet verschiedene Wortkarten für Bedürfnisse, Gedanken und Gefühle. Diese Wortkarten sollen dabei behilflich sein, die koranischen Texte für sich selbst und andere besser verständlich zu machen.

---

[6] Von Gizicky, Katja: Kartenset zur Gewaltfreien Kommunikation. Berlin: Spree Druck GmbH, 3. Auflage 2011.

Die methodische Vorgehensweise ist die, dass koranischen Verse mit den Wortkarten der gewaltfreien Kommunikation gelesen und schlussendlich nach Emotionen und Bedürfnissen kategorisiert werden. In diesem ersten Schritt gilt es herauszulesen, was Gott dem Menschen eigentlich mitteilen möchte. Der darauffolgende Schritt zielt darauf ab, den gefundenen Bedürfnissen Gefühle zuzuschreiben, die beim Menschen bzw. bei SchülerInnen ausgelöst werden können. Wichtig ist dabei zu erwähnen, dass Gefühle, die bei einem Schüler ausgelöst werden, bei einem anderen Schüler niemals ausgelöst werden können.

Im nächsten und letzten Schritt geht es darum herauszufinden, welche Bedürfnisse nun tatsächlich vom Menschen erfüllt werden und welche Auswirkungen sie auf die Gott–Mensch Beziehung haben können.

Dabei erstelle ich Tabellen, die jeweils fünf Spalten beziehungsweise Kategorien mit jedoch unterschiedlichen Überschriften beinhalten. Auf der linken Seite stehen immer die Surennamen und gleich darunter die aufgeschlüsselten Verse. Neben den Surennamen steht ein Kästchen für die angenehmen Gefühle, die bei den jeweiligen aufgeschlüsselten Versen ausgelöst worden sind. Im dritten Kästchen stehen die unangenehmen Gefühle, die ausgelöst werden können. Im vierten Kästchen stehen die Bedürfnisse, die vom Menschen erfüllt werden und im fünften und letzten Kästchen stehen die Bedürfnisse, die für den Menschen nötig sind, jedoch nicht erfüllt werden.[7]

1.3 Forschungsziel

Ziel ist es, ein theoretisches Unterrichtskonzept nach der gewaltfreien Kommunikation zu erstellen, das sichtbar machen soll, wie das eigene reflektierte Überlegen einer Lehrperson über die koranischen Versen maßgeblich zum Profitieren für alle Beteiligten im Unterricht dienen kann. Durch die Auseinandersetzung der koranischen Verse mittels des Kartensets zur gewaltfreien Kommunikation ergibt sich folgendes Anliegen:

---

[7] Visuell sehen die Kästchen wie folgt aus:

Surenname	Angenehme Gefühle	Unangenehme Gefühle	Erfüllte Bedürfnisse	Unerfüllte Bedürfnisse

- Die Einbeziehung der Lebenswelt der SchülerInnen im Unterricht fördern.

- Bewusstwerdung der Wichtigkeit kommunikativer Kompetenz.

- Gewaltfreie Kommunikation als Hilfsmittel zur Entschlüsselung der Emotionen und Bedürfnisse hinter den Worten.

- Vor allem aber möchte ich die Facetten der verschiedenen Gefühle, die auftauchen können, genau beschreiben. Ihre Entstehung, genauer gesagt, die dahinterliegenden Bedürfnisse sollen transparent gemacht machen, ihre Relevanz erläutert und auf ihre Auswirkungen auf die Gott-Mensch Beziehung hinweisen werden.

Die Erläuterungen zum Forschungsziel sind gerade aus den angeführten Gründen von persönlichem Interesse aber möglicherweise auch für manchen Leser interessant. Durch die Masterarbeit können neue Erkenntnisse gewonnen werden, die wesentlich zur Optimierung des Islamischen Religionsunterrichtes beitragen können. In einer weiteren Arbeit wäre es sicherlich bereichernd, das theoretische Unterrichtskonzept mittels Interviews von SchülerInnen oder im Unterricht mittels der Aktionsforschung praktisch zu erproben.

2 Die Macht der Gefühle

In diesem Kapitel soll belichtet werden, welche Einflüsse Gefühle der LehrerInnen auf den Unterricht haben. Dabei behandelte Watson als erster Lerntheoretiker systematisch den Einfluss der Emotionen bezogen auf den Lernprozess des Menschen. Er war aufgrund seiner Beobachtungen von Neugeborenen zur Erkenntnis gelangt, dass Menschen drei angeborene emotionale Reaktionsmuster aufweisen: Wut, Furcht und Liebe.[8]

Diese unkonditionierten Emotionen werden durch bestimmte Reize ausgelöst, wobei sich im Heranschreiten des Alters das Emotionenzeigen zunehmend ändert und gehemmter abläuft. Emotionen dienen also dazu, die Bedeutsamkeit von Reizen zu signalisieren, indem die Bedürfnisse des Menschen gestillt werden. Watsons Theorie zufolge trifft ein Reiz einen Menschen und dieser bewirkt eine Reaktion des Menschen. Was jedoch im Organismus eines Menschen während des Lernens passiert, wurde nicht erforscht, wobei Watson jedoch die inneren Prozesse als Blackbox beschrieben hat. Was also im Inneren passiert, dazu haben wir keinen Zugriff und können demnach von außen betrachtet nicht viel sagen. Demnach soll die Arbeit einen Blick darauf werfen, was Koranverse im Menschen auslösen können. Die Koranverse, die von Gott stammen, sind der Reiz, das Endprodukt die Reaktion des Menschen und alles, was dazwischen liegt, sind emotionale und innere Prozesse. Diese sollen im Rahmen der Arbeit beleuchtet und transparent gemacht werden.

Durch positiv und negativ gefärbte Gefühle wie Mitgefühl oder Zorn sind die meisten Menschen leichter steuerbar, als durch die Vernunft. Aus diesem Grund legte man bei Machthabern großen Wert darauf, dass diese ihre Gefühle regulieren können, um von außen nicht angreifbarer zu sein, aber auch, um die Gefühle ihrer Untertanen besser nutzen zu können. Das gesamte Spektrum der Gefühle wie Neugier, Angst und Wut spielt in unserem Alltag eine große Rolle, wogegen sich nur sehr wenige Menschen ihrer emotionalen Macht überhaupt bewusst sind.[9] Dahingehend können LehrerInnen, die ihre emotionale Intelligenz bewusst im

---

8 Vgl. Baltes, Margret / Reisenzein, Rainer: Emotionen aus der Sicht der behavioristischen Lerntheorien in: Emotion und Reflexivität. München-Wien-Baltimore: Urban & Schwarzenberg 1985, S. 52ff.

9 Vgl. Bauer-Jelinek, Christine: Die helle und dunkle Seite der Macht. Salzburg: Ecowin Verlag GmbH 2009, S. 88.

Unterricht anwenden, auch den Unterrichtsfluss positiv und lernfördernd steuern. Wenn davon ausgegangen wird, dass Lernen auch die inneren Prozesse eines Menschen aktivieren muss, damit geistiges Wachstum passiert, dann darf dieser Prozess im Rahmen dieser Arbeit nicht ignoriert werden.

Lange Zeit hat sich die Trennung in der Betrachtung der menschlichen Hirnentwicklung und dem menschlichen Verhalten und Fühlen gehalten, wogegen Gerald Hüther betont, dass jedes Kind *„das Gefühl von Sicherheit und Geborgenheit, um neue Situationen und Erlebnisse als Bedrohung, sondern als Herausforderung bewerten zu können“*[10] braucht. Vom Begriff der „Sozialen Resonanz" sprechen Hirnforscher hier, wenn eine Verstärkung von wechselseitigen Gefühlen zutage tritt.

Sobald SchülerInnen ihre Aufmerksamkeit auf eine Lehrperson richten, bauen sie eine Beziehung auf, die auf Anziehung oder Abstoßung basiert.[11]

Denk- und Lernprozesse sind demnach auch von Gefühlen und Stimmungslagen aller Beteiligten im Lernprozess abhängig. Diese Tatsache zu vernachlässigen würde bedeuten, dass Emotionen kein Regulativ auf unser Verhalten haben können. Der Schulunterricht hat nicht nur zur Aufgabe, seine SchülerInnen kognitiv zu fördern, sondern sie auch in der Entwicklung ihrer emotionalen Intelligenz zu begleiten.

Das bedeutet, dass SchülerInnen im Rahmen des Schulunterrichtes die Möglichkeit bekommen sollen, „ihre Gefühle bei sich und anderen adäquat zu erkennen, sie zu interpretieren, die eigenen Gefühle und Stimmungslagen effektiv zu regulieren und sie für das Denken, Lernen und Problemlösen produktiv zu nutzen."[12] Für die kognitive Leistungsfähigkeit sind Gefühle und Stimmungen wichtige Funktionen in der Anpassung des Denkens und Verhaltens. Denken und Fühlen bewusst im Unterricht zu ignorieren, macht es den SchülerInnen aber auch den Lehrpersonen unnötig schwer. Emotionalem Ausdruck sollte genauso viel Raum wie dem kognitiven geboten werden.[13]

---

[10] Hüther, Gerald: Mit Freude lernen. Göttingen: Verlag Vandenhoeck & Ruprecht GmbG 2016, S. 105.

[11] Vgl. Kramer, Rolf-Ulrich. Emotionen meistern. Ahlerstedt: Param Verlag 2013, S. 8.

[12] Hänze, Martin: Denken und Gefühl: Wechselwirkung zwischen Emotion und Kognition im Unterricht. Weinheim und Basel: Beltz Verlag 2009, S. 9.

[13] Vgl. Bundschuh, Konrad. Förderdiagnostik konkret. Bad Heilbrunn: Verlag Julius Klinkhard 2007, S. 191.

Vor allem in komplexen und unüberschaubaren Situationen sind Menschen dazu angewiesen, sich von ihren Gefühlen steuern zu lassen. Dieter Zimmer spricht hier von der *„Vernunft der Gefühle".*

Lernen wird von emotionalen und kognitiven Prozessen beeinflusst. Beim Menschen gibt es keine rein emotionalen Prozesse, da die emotionale Erregung kognitiv interpretiert wird und diese zusammenwirken. Emotionales Erleben bleibt ohne kognitive Interpretation unbestimmt und wenig psychisch. Positive Emotionen fördern kognitive Prozesse, wobei negative Emotionen das Denken hemmen. Bei langfristigen Prozessen üben Emotionen einen großen Einfluss auf unser Verhalten aus.[14]

Soziales Verhalten ist also untrennbar mit der Persönlichkeitsentwicklung verbunden, wobei der Kommunikation eine bedeutende Rolle zukommt, da sie Verständigung mittels Signale möglich macht. Durch die Gesten und Mimiken, die LehrerInnen senden, haben sie bestimmte Wirkungen auf ihre SchülerInnen, die für Außenstehende womöglich unlogisch erscheinen mögen, doch von innen heraus ihre Berechtigung haben. Das Gleiche passiert auch mit den LehrerInnen, die, wenn sie bestimmte Ausdrucksweisen wie Langeweile oder Desinteresse bei ihren SchülerInnen wahrnehmen, dem entgegensteuern können, damit die Aufmerksamkeit im Unterricht aufrecht erhalten werden kann. Emotionen bilden einen Mechanismus, der uns dabei hilft, Entscheidungen zu treffen.[15]

2.1 Aufbau von Emotionen durch Konditionierung und Verstärkung

Emotionen entstehen als Reaktionen auf bestimmte Reize und Signale. Sie werden durch neutrale Reize konditioniert. Emotionales Lernen besteht darin, dass bestimmte Situationen bestimmte Erregung wecken.[16] Wenn anfänglich eine Erregung neutral war, dann wird sie mit der Zeit entweder mit Lust oder Unlust assoziiert. Die spontanen Kräfte der SchülerInnen wie auch ihre intuitiven Fähigkeiten sollen in der Schule ihren Ausdruck finden können, da diese unbedingt den Schul-

---

[14] Vgl. Oerter, Rolf / Weber, Erich: Der Aspekt des Emotionalen in Unterricht und Erziehung. Donauwörth: Verlag Ludwig Auer 1975, S. 21f.

[15] Winter, Eyal: Kluge Gefühle. Köln: Verlag DuMont 2015, S. 26.

[16] Vgl. Oerter, Rolf / Weber, Erich: Der Aspekt des Emotionalen in Unterricht und Erziehung. Donauwörth: Verlag Ludwig Auer 1975, S. 83.

stoff in ihrer Wirklichkeit begreifen wollen. J. Gläser belegt dies mit einem Zitat: „Der Mensch ist mehr als Verstand; in seinen Tiefen ist er Gefühl…"[17]

Das, was wir Menschen erleben, ist eigentlich das Wesentliche, also das, was wir begreifen können. Wenn wir in der Folge SchülerInnen im Unterricht erreichen möchten, dann müssen wir sie in ihrem Inneren emotional bewegen. Fischer spricht hier von der *„Selbstenträtselung des eigenen Lebens"*[18] Die SchülerInnen müssen in Situationen gebracht werden, in denen sie sich selbst erfahren können.

Nicht die Menge des inhaltlichen Wissensstoffes ist für den Wissenserwerb maßgebend, sondern der Grad der inneren Beteiligung der SchülerInnen im Religionsunterricht.[19] Kritisch anzumerken sei jedoch, dass man keineswegs nur mehr auf die Befreiung der Lebenskräfte fokussiert sein darf, da sie sonst auch zu einem chaotischen und unkontrollierten Phantasieren ausarten können. Der reine Subjektivismus und Irrationalismus beansprucht somit die SchülerInnen unnötig emotional, was weniger zielführend und authentisch ist. Der Unterricht soll nicht zu einer permanenten Unterhaltung werden, da dies bei SchülerInnen auf Dauer zu einer emotionalen Abstumpfung führt.

Goleman geht von der These aus, dass es Menschen verlernt hätten, ihre Gefühle wahrzunehmen. Durch das achtsame Beobachten des eigenen Körpers und der jeweiligen Stimmungen ist der Mensch fähig, seine Emotionen zu regulieren, einzudämmen oder entsprechend einzusetzen. Weiters sieht Goleman die rationale und emotionale Intelligenz nicht als Gegensätze, sondern als ein zusammenhängendes System, welches dem Menschen dient.

Daraus haben sich Einwände erhoben, die besagen, dass es unmöglich für einen Menschen erscheint, sich immer wieder auf seine eigenen Emotionen, wie auch der fremden Emotionen zu konzentrieren, da es zu einer Überforderung des menschlichen Geistes führen kann. Viele Zusammenhänge vom menschlichen Verhalten sind nicht nur durch sein Verhalten selbsterklärend, weil der Mensch auch durch viele unbewusste Kräfte beeinflusst wird, die nicht in seiner ständigen

---

[17] Oerter, Rolf / Weber, Erich: Der Aspekt des Emotionalen in Unterricht und Erziehung. Donauwörth: Verlag Ludwig Auer 1975, S. 35.

[18] Oerter, Rolf / Weber, Erich: Der Aspekt des Emotionalen in Unterricht und Erziehung. Donauwörth: Verlag Ludwig Auer 1975, S. 83

[19] Vgl. Oerter, Rolf / Weber, Erich: Der Aspekt des Emotionalen in Unterricht und Erziehung. Donauwörth: Verlag Ludwig Auer 1975, S. 94

Auseinandersetzung arbeiten können. Selbstbeobachtung und Empathie sind von Zusammenhängen verbunden, die wir objektiv nicht richten können. Es ist für den Menschen kaum möglich, zwischen seelischen Erlebnissen und deren Zusammenhängen zu unterscheiden. Da wir Menschen einen ausgeprägten Selbstschutz in uns tragen, können wir demnach uns selbst und andere nicht ständig beobachten. Der Nobelpreisträger Arno Penzias spricht daher vom emotional intelligenten Denken, das besagt, dass die Urteilskraft und Fähigkeit, in größeren Zusammenhängen zu denken etwas anderes als das abstrakte Denken sei.[20]

2.2 Emotionale Grundlagen der Erziehung

Nach Spinoza gibt es keine Gefühlsentwicklung ohne geistige Nachfolge und ohne die freiwillige Unterordnung unter Menschen, die geistig weiterentwickelter sind als wir selbst. Dabei unterscheidet er zwischen drei Erkenntnisstufen, denen jeweils bestimmte Emotionen und Handlungen zugrundeliegen.

1. *Die erste Erkenntnisstufe und das Zufällige.* – Dieses Stadium beschreibt Spinoza als eines, welches sich durch Affekte und hemmende Leidenschaften widerspiegelt. Seiner Meinung nach glaubt ein Mensch, der in diesem Entwicklungsstadium steckengeblieben ist, unkritisch und unreflektiert, was ihm die öffentliche Meinung und seine unmittelbare Umgebung mitteilen. Solch ein Mensch ist nicht imstande, eine kritische Haltung gegenüber seiner Umwelt einzunehmen, jedoch ist er offen für Wunschvorstellungen und leere Hoffnungen. Dadurch wird der Mensch zwangsweise dazu gebracht, ein passives und nicht eigenverantwortliches Handeln an den Tag zu legen. Man legt sein Leben in die Hände von seinen Mitmenschen und ist sich nicht bewusst, dass dies eine Bürde darstellt. Affekte wie Neid, Rachsucht, Hass, Eifersucht, Misstrauen sind vorherrschend, da Affekte im Dienste dieses Lustprinzips funktionieren.[21]

---

[20] Vgl. Stemme, Fritz: die Entdeckung der Emotionalen Intelligenz. München: Verlag Wilhelm Goldmann 1997, S. 23f.

[21] Vgl. Fuchs, Irmgard: Eros und Gefühl: Über den emotionalen Wesenskern des Menschen. Würzburg: Verlag Königshausen & Neumann 1998, S. 11f.

2. *Die zweite Erkenntnisstufe und das Wissen.*[22] – Dieses Stadium beschreibt jenen Menschen, der seinen Intellekt professionalisiert, indem er sein Wissen vermehrt und imstande ist, Schlussfolgerungen zu ziehen. Emotionen werden in dieser Entwicklungsstufe als etwas Schwaches und nicht Standhaftes gesehen. Wenn ein Mensch es nicht schafft, diese Entwicklungsstufe zu überwinden und sich weiterzuentwickeln, dann hat dies zur Folge, dass Gefühlskälte vordergründig ist. Man entfremdet dem Menschsein, was sich dahingehend zeigt, dass man weder sich selbst noch seinen Mitmenschen nah sein kann. Zwischenmenschliche Beziehungen leben von Wärme, Zuspruch und Verständnis und Barmherzigkeit. Dies wird jedoch in dieser Entwicklungsstufe herabgewürdigt.

3. *Die dritte Erkenntnisstufe oder Selbstgestaltung und Sinnfindung.* – Nach Spinoza[23] ist dies die zuletzt zu erreichende Erkenntnisstufe. Spinoza spricht davon, dass Gott das Zentrum der Liebe darstellt und der Mensch, der sich auf dieser Stufe befindet, verstanden hat, wie die Welt funktioniert. Illusion hat in dieser Stufe keinen Platz, sondern nur die Vernunft und alles, was den Menschen umgibt: seine Realität. Der Mensch sieht sich zwar als ein Individuum, jedoch als eines, das mit seinen Mitmenschen verbunden ist und sich als ein Teil eines großen Ganzen sieht. Er möchte sich selbst und seinen Mitmenschen nah sein und nützlich sein. Daher sieht er sich nicht als jemand, dem Dinge passieren, sondern als jemand, der aktiv in Eigenverantwortung handeln kann. Spinoza nennt solch einen Menschen den wahren Menschen, da er nicht nur Mensch ist, sondern auch Mitmensch. Diese letzte Erkenntnisstufe ist ein Zusammenspiel zwischen theoretischem Wissen und praktischem Handeln. Vorherrschend auf dieser Entwicklungsstufe sind Gefühle der Dankbarkeit, Wohlwollen, Sympathie, Treue, Vertrauen.

Für die Gefühlsentwicklung haben wir geistige Vorbilder notwendig. Das Gefühl ist ein unverzichtbarer Bestandteil des menschlichen Wesens. Sie zeichnen sich durch eine Öffnung, Entspanntheit, Weite, Wärme und Tiefe aus.[24] Im Zentrum der Gefühle steht die Liebe, die die größte und erhabendste Leistung des Men-

---

[22] Ebd. S. 12

[23] Ebd. S. 13.

[24] Ebd. S. 18.

schen darstellt. Wenn Dichter von der Liebe als vom *göttlichen Funken* sprechen, dann meinen sie die schrankenlose Hingabe, die den Menschen transzendiert und in die Zukunft weist.[25]

> „Die Sprache hat eine überaus tiefe Bedeutung für die Entwicklung des menschlichen Seelenlebens. Logisches Denken ist nur möglich unter der Voraussetzung der Sprache. Auch unser Denken und Fühlen ist nur begreiflich, wenn man Allgemeingültigkeit voraussetzt, und unsere Freude am Schönen erhält ihre Grundlage nur durch das Verständnis, dass das Gefühl und die Anerkennung für das Schöne und Gute Gemeingut sein muss. So kommen wir zur Erkenntnis, dass die Begriffe von Vernunft, Logik, Ethik und Ästhetik nur in einem gemeinschaftlichen Leben der Menschen ihren Ursprung haben können, dass sie aber gleichzeitig auch die Bindemittel sind, welche die Kultur von Verfall schützen zu haben."[26]

2.3 Die emotionale Sprache

Aussagekraft der Sprache ist von den Gefühlen der Solidarität, Liebe und Dankbarkeit abhängig. Demnach ist davon auszugehen, dass der Mensch, der wirklich an seinen Mitmenschen interessiert ist, sein Leben lang versuchen wird, seine Sprache zu verfeinern und dass derjenige, welcher es nicht versucht, die Zusammenarbeit mit seinen Mitmenschen sabotieren wird, um Macht und Überlegenheit zu demonstrieren.

Adler[27] geht davon aus, dass der seelischen Aktivität in direkter Verbindung zum Gefühlsleben der Wille steht. Wille und Mut sind demnach nur Ausdrücke des Gemeinschaftsgefühls. Bei Menschen, an denen man diese Tugenden beobachten kann, tritt das Ich-Gefühl zugunsten einer höheren Aufgabe völlig in den Hintergrund. Im Willen und im Mut handelt der Mensch eigennützig, indem er seine Minderwertigkeitskomplexe auflöst. Daher agiert er niemals gegen das Gemeinwohl seiner Mitmenschen, sondern immer, um seine Komplexe zu überwinden. Durch die Überwindung der Minderwertigkeitskomplexe schafft es der Mensch, an Selbsterkenntnis und Menschenkenntnis zu gewinnen. Wer unter einem Minderwertigkeitskomplex leidet, hat immerzu das Bedürfnis, wie Gott zu sein, um

---

[25] Ebd. S. 19.

[26] Zitat von Adler, in: Fuchs, Irmgard: Eros und Gefühl: Über den emotionalen Wesenskern des Menschen. Würzburg: Verlag Königshausen & Neumann 1998, S. 47.

[27] Vgl. Fuchs, Irmgard: Eros und Gefühl: Über den emotionalen Wesenskern des Menschen. Würzburg: Verlag Königshausen & Neumann 1998, S. 48.

seine Macht ausüben zu können. Hier dienen dem Menschen zerstörerische Affekte wie Eitelkeit, Wut, Geiz, Neid oder auch Hass, da keine ausreichende Gefühlsentwicklung stattgefunden hat.[28]

Um ein gesundes Gefühlsleben entwickeln zu können, muss es dem Menschen gelingen, seine animalischen Strebungen mit Maß und Ziel zu imprägnieren.[29] Dazu muss der Mensch bereit sein, sein Gefühlsleben zu betrachten, es zu prüfen und es in deren seelischen Aktivitäten in Beziehung zu setzen. Dadurch muss sich der Mensch von der Welt distanzieren, was jedoch keineswegs bedeutet, dass er sich der Nähe seiner Mitmenschen entzieht, sondern nach der Suche nach einer nährenden Intensität von Nähe charakterisiert ist.

> „Die Vernunft ordnet das Gefühlsleben des Menschen, seinen emotionalen Bereich. Sofern es nun weiterhin so ist, dass positive Gefühle, angenehme, lustvolle auf Gegenstände der Welt antworten, und diese damit wertvoll werden, ist die Vernunft auch Ordnerin innerhalb des Werterlebens des Menschen."[30]

Dadurch kann der Menschen durch sein Gewissen zwischen gut und böse unterscheiden. Immer dann, wenn sich ein Mensch im sittlich-moralischen Konflikt befindet, hilft ihm sein Gewissen in der endgültigen Entscheidung. Dabei geht es bei solchen Entscheidungen nicht um die Angst vor Liebesverlust oder gar um Bestrafung, sondern um das Bestreben nach Stetigkeit, Einheitlichkeit und Ordnung einer Person. Ein gesundes Gefühlserleben kann sich beim Menschen nur dann entwickeln, wenn er es schafft, seine animalischen Strebungen mit Maß und Ziel zu imprägnieren. Dabei ist es wichtig, dass der Mensch bereit ist, sie zu betrachten und zu prüfen und mit deren seelischen Aktivitäten in Beziehung zu setzen. Dafür benötigt der Mensch die nötige Distanz, um bestimmte Zusammenhänge zu erfassen und alles um sich herum so zu sehen, wie es ist.

Schultz-Hencke geht davon aus, dass erst die Synthese von animalischen und geistigem Erlebnis Zeugnis von einem voll integrierten Gefühlsleben ablegt, welches dem Menschen tief ergreift und prägt.[31]

---

28 Ebd. S. 50.

29 Ebd. S. 55

30 Zitat von Schultz-Hencke, in: Fuchs, Irmgard: Eros und Gefühl: Über den emotionalen Wesenskern des Menschen. Würzburg: Verlag Königshausen & Neumann 1998, S. 54.

31 Vgl. Fuchs, Irmgard: Eros und Gefühl: Über den emotionalen Wesenskern des Menschen. Würzburg: Verlag Königshausen & Neumann 1998, S. 55.

2.4 Zusammenfassung

Gefühle haben einen großen Einfluss auf das Lernen. Sie zu ignorieren, würde bedeuten, dass man einen großen Teil des Menschseins nicht berücksichtigen würde. Zwar verdeutlichte Watson, dass er die inneren Prozesse nicht beleuchtete, doch gerade dies macht es durch die gewaltfreie Kommunikation möglich, da durch das Ausdrücken der Gefühle klarer wird, woher bestimmte Verhaltensmuster bzw. Konditionierungen herrühren. Durch dieses Wissen können LehrerInnen den Lernprozess bewusst und adäquat steuern und für die SchülerInnen derart gestalten, dass sie einen Mehrwert für ihr inneres Erleben empfinden. Sogar der Neurobiologe Gerald Hüther spricht immer wieder davon, dass der Mensch ohne das Gefühl überhaupt nichts Neues dazulernen kann. Die Art und Weise, wie die LehrerInnen den Unterricht leiten, ist von ihrer Persönlichkeit und Klarheit bestimmt. Reine emotionale Prozesse existieren nicht, wonach auch hier von der Vernunft der Gefühle gesprochen wird. Demnach sollen positive oder angenehme Gefühle eher gefördert werden, weil sie natürlich das Denken fördern, anstatt die unangenehmen Gefühle bei den SchülerInnen zu wecken, da diese das Denken zwar auch fördern, sie jedoch von einer anderen Energie getragen werden. Dies trägt wesentlich zur Persönlichkeitsentwicklung bei, da SchülerInnen dazu ermutigt werden, ihr eigenes Selbst zu enträtseln und sich näher zu kommen. Auch hier agieren LehrerInnen als unterstützende Kraft, die den Lernprozess achtsam begleitet und bei Notwendigkeit einschreitet.

Auch Spinoza postuliert, dass auch hier der Mensch Erkenntnisstufen durchlaufen muss, damit seine Gefühle weiterentwickelt werden können, da es Ziel ist, dass sich jeder Mensch zu einer mündigen, liebenden und wertschätzenden Person entwickelt. Hiermit wird ein grundlegender Stein für die Sprache gelegt, da der Mensch lernen muss, seine Sprache gewählt zu formulieren, damit er den Anspruch das Erkennen des Schönen haben kann. Dies zeigt sich im Interesse oder Desinteresse an seinen Mitmenschen. Wer gelernt hat, seine Minderwertigkeitskomplexe zu überwinden, überwindet auch die zerstörerischen Affekte wie Eitelkeit oder Wut. Um dies zu schaffen, brauchen SchülerInnen Ziele, die sie erreichen können, wodurch sie durch ihr Eigenleben konfrontiert und zum Nachdenken angeregt werden. Diese Konfrontation wird den SchülerInnen helfen, zwischen wesentlich gut und wesentlich schlecht zu unterscheiden.

Im nächsten Kapitel soll - wie bereits erwähnt - der Fokus auf die Wortwahl und Sprache gelegt und der Frage nachgegangen werden welchen Einfluss sie auf uns haben und wie es möglich ist, eine Beziehung zu eröffnen, die von Wertschätzung getragen wird.

3 Die Macht des Wortes

In diesem Kapitel möchte ich den Ursprung der Begriffe erläutern. In den Mittelpunkt soll die Relevanz der Wortwahl und deren Wirkung auf die Kommunikationspartner gerückt werden. Wie kann die bewusste Auseinandersetzung mit der gewaltfreien Kommunikation den Islamunterricht bereichern?

Fachkompetenz ist nicht das Einzige, was in zwischenmenschlichen Gesprächen zählt, sondern die Fähigkeit, sich einzubringen, zuzuhören, Wertschätzung entgegen zu bringen und Konflikte adäquat zu lösen. Worte sind nicht nur leblose Zeichen auf einem Papier, vielmehr sind es Geschichten, die erfahrbar gemacht werden wollen. Historisch betrachtet haben wir über den Propheten Muhammed, Friede sei mit ihm, keinerlei Tonaufnahmen, noch wissen wir wie groß, edel und gut seine rhetorischen Künste waren. Jedoch haben wir etwas von ihm, was bis in die Gegenwart Wirklichkeit ist und Muslime auf der ganzen Welt vereint: das Wort. Es ist eine Kunst, dann ein richtiges Wort auszusprechen, wenn es wirklich gebraucht wird. Dies zu erlernen, befähigt einen Menschen, sozial interzuagieren und sich einzubringen, denn das, was der Mensch ausspricht, kann seine Mitmenschen glücklich oder unglücklich stimmen. Mit der menschlichen Wortwahl sind wir in der Macht, unsere Emotionen mitschwingen zu lassen. Daher kann das menschliche Wort in zwischenmenschlichen Beziehungen niemals ganz neutral gesehen werden.

Immer, auch dann, wenn man versucht, das Wort neutral zu halten, schwingt etwas von unserem Wesen mit ein, welches selbstverständlich seine positiven Seiten wie auch negativen Seiten besitzt. Zunächst sind wir im Stande, durch das Wort zu manipulieren und Menschen zu einem bestimmten Handeln zu bewegen.[32] Wir können durch unsere Worte bewirken, dass unsere SchülerInnen bessere Menschen oder aber auch schlechtere Menschen werden.

Der Koran wurde von Allah in einer menschengewordenen Sprache hinabgesandt, um die menschliche Seele zu beruhigen, indem Allah in der Sura al-Fadschr, 89, (deutsch.: Der Tagesanbruch), Vers 27-30, sagt:

---

[32] Vgl. Braun, Roman: Die Macht der Rhetorik. FinanzBuch Verlag GmbH München 2012, S. 11.

„O du Mensch, der inneren Frieden erlangt hat! Kehre du zurück zu deinem Erhalter, wohlzufrieden (und Ihn) zufriedenstellend: gehe denn ein zusammen mit Meinem (anderen wahren) Dienern – ja, gehe du in Mein Paradies!"[33]

In der Folge kann davon ausgegangen werden, dass Gott im Menschen eine Antwort auf die offenbaren Verse bewirken möchte. Die wichtigsten Beteiligten in einem Kommunikationsmodell sind der Sender und der Empfänger. Im Rahmen dieser Arbeit ist der Sender Gott, der aktiv durch die offenbarten Verse eine Nachricht an den Empfänger sendet. Infolgedessen wird die eigentliche Botschaft verschlüsselt in Worten gesendet. Der Empfänger der Nachricht entschlüsselt die Botschaft, je nachdem, wie die Nachricht verstanden wurde und übersetzt sie in seine Sprache, in dessen Wert- und Normvorstellungen. Dass eine Botschaft beim Empfänger ankommt, das erscheint klar, jedoch nicht, welche und ob sie deckungsgleich mit dem Willen Gottes ist.

3.1 Die Beziehungsebene der Kommunikation

Die Sachbotschaft richtet sich an den Intellekt des Menschen, während die Beziehungsbotschaften die Gefühle eines Menschen aktivieren oder ansprechen sollen. Dabei hat die Beziehungsbotschaft zwei grundlegende Botschaften:

- Du-Botschaft: Was ich von dir halte
- Wir-Botschaft: Wie wir zueinander stehen

---

[33] Asad, Muhammad: Die Botschaft des Koran. Ostfildern: Patmos Verlag 2011, S. 1162.

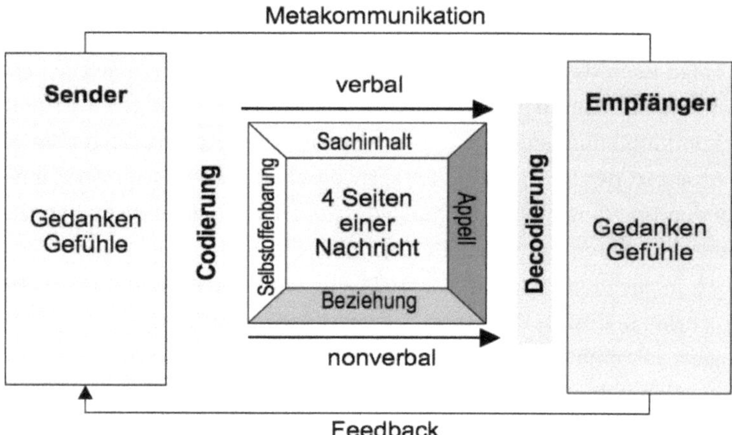

Abbildung 1: Sender-Empfänger-Modell [34]

Auf der Beziehungsebene wird herausgefiltert, wie der Sender der Nachricht zum Empfänger steht. Die Art der Formulierung der Nachricht hat einen großen Einfluss darauf, ob sich der Empfänger respektiert oder vielleicht verachtet fühlt.

Du/Sie Botschaften wirken nachhaltig und sprechen umfassend die Emotionen beim Empfänger an. Auf der anderen Seite wirken sie auch verhaltensändernd, da der Empfänger auf diese Weise erfährt, wie er gesehen wird und er womöglich dadurch auch sein Verhalten verändert. Der Empfänger kann die Botschaft akzeptieren, durchgehen lassen, zurückweisen oder ignorieren.[35]

> „Das Bild, das sich der Empfänger vom Sender macht und umgekehrt, ist für die Ver- beziehungsweise Entschlüsselung von großer Bedeutung. Je besser wir jemanden kennen, desto größer ist die Wahrscheinlichkeit, dass wir richtig ver.- bzw. entschlüsseln."[36]

---

[34] Online im Internet: URL: https://dorinaziefle.files.wordpress.com/2010/01/bild-11.png, Zugriff: 11.06.2018.

[35] Vgl. Schauer, Manfred: Die Macht des Wortes. Molden Verlag 2013, S. 36.

[36] Schauer, Manfred: Die Macht des Wortes. Wien-Graz-Klagenfurt: Molden Verlag 2013, S. 22.

3.2 Der Zweck der Beziehung

Hazrat Inayat Khan geht davon aus, dass das Wichtigste bezüglich des inneren Lebens, das ist, dass man eine Beziehung zu Gott herstellt, indem man Gott als einen Gegenstand sieht, mit dem man a priori verbunden ist. Dabei postuliert er, dass man sich von der Vorstellung, wie Gott sein könnte, distanzieren und Gott als eine Wirklichkeit betrachten soll. Gott wird nicht mehr in Frage gestellt, da er als eine große Wahrheit, die durch den Menschen hindurch aktiv ist, wahrgenommen wird.

Khans Argumentation geht dahingehend, dass er der Ansicht sei, dass, wenn der Mensch es schafft, eine wirkliche Beziehung zu Gott aufzubauen, die irdischen Bindungen immer weniger bindend werden. Dadurch wird der religiöse Mensch nicht gefühlskalt, sondern viel liebevoller und gütiger zu seinen Mitmenschen, da er es schafft, sich von all den Erwartungen im Leben zu lösen. Für Inayat Khan bedeutet das innere Leben nicht, dass man sein Leben hindurch die Augen für die Außenwelt verschließt und sich nur mehr nach innen richtet. Vielmehr will er zum Ausdruck bringen, dass der religiöse Mensch Gott überall auf der Welt sieht.

> „Wer Gott liebt, hat noch etwas anderes mit dem menschlich Liebenden gemein. Er spricht zu niemand über seine Liebe. Er kann nicht darüber sprechen. Der Mensch kann nicht sagen, wie sehr er den Gegenstand seiner Liebe liebt; in Worten lässt es sich nicht aussprechen; außerdem fehlt ihm die Lust, mit irgendjemand darüber zu sprechen."[37]

Auch Khorchides These bekräftigt Khans Grundgedanken von der Beziehung zu Gott, wenn er argumentiert, dass Gott den Menschen nicht nur erschafft, damit ihm gedient wird, sondern weil er eine Beziehung zum Menschen aufbauen möchte. Als Grundlage seiner These argumentiert Khorchide hier das Einhauchen des göttlichen Geistes im Menschen, wonach der Mensch eine natürliche Sehnsucht zu Gott habe.[38]

---

[37] Khan, Inayat Khan: Das Innere Leben – Der Zweck des Lebens. Den Haag: East-West Publications 1980, S. 26.

[38] Vgl. Khorchide, Mouhanad: Islam ist Barmherzigkeit. Freiburg-Basel-Wien: Verlag Herder GmbH 2013, S. 28ff.

> „Und wenn Ich ihn vollständig geformt und ihm von Meinem Geist eingehaucht habe…"[39]

Wenn der Mensch eine Beziehung zu Gott aufbauen möchte, muss dieser zuvor Kenntnisse über diesen Gott haben. Im Rahmen dieser Arbeit geht es auch darum, dass der Leser selbst zu seinen inneren Prozessen alleine vorstoßen kann, ohne dass er dabei einen Theologen bei Seite haben muss, da sich eine Beziehung erst dann natürlich entwickelt, wenn sie von allen äußerlichen Einflüssen befreit ist. Khorchide fährt weiter fort, indem er sagt, dass das göttliche Attribut der Barmherzigkeit am häufigsten im Koran verwendet werde und Gott sich dem Menschen durch diese Eigenschaft offenbare, da die Barmherzigkeit Gottes über allem anderen stehe. Hier widerspricht Khorchide der gängigen Theologie, indem er die Aussage *„Gott ist nicht nur barmherzig, sondern auch strafend."*[40] als falsch einstuft.

Wenn nun Gott Strafmaßnahmen im Koran erwähnt und Belohnungen für den Menschen, dann nur aus dem Grund der Barmherzigkeit und nicht aus der Position der willkürlichen Macht.[41] Diese theologische Sichtweise ändert die ganze Perzeption der theologischen Grundlagen im Leben eines religiösen Menschen, denn dann existiert kein schwarz-weiß Denken mehr, sondern ein differenzierteres Betrachten des göttlichen Anspruchs auf den Menschen. Denn, weil Gott den Menschen liebt, verbietet er ihm bestimmte Dinge und weil Gott den Menschen liebt, gebietet er ihm bestimmte Dinge. Der Mensch kann jedoch selbst entscheiden, inwieweit er sich zur Beziehung zu Gott entscheidet oder nicht, da er einen freien Willen bekommen hat und mündig und frei in seinem Handeln ist.

> „Je mehr Bewusstsein, desto mehr Selbst, je mehr Bewusstsein, desto mehr Wille; je mehr Wille, desto mehr Selbst. Ein Mensch, der keinen Willen hat, ist kein Selbst; aber je mehr Willen er hat, desto mehr Selbstbewusstsein hat er auch."[42]

Eine nahezu gleiche Vorstellung über die Selbstbestimmung des Menschen vertritt Kant, indem er immer wieder den Menschen dazu auffordert, sich seines Ver-

---

39 Asad, Muhammad: Die Botschaft des Koran. Ostfildern: Patmos Verlag 2011, S. 491.

40 Vgl. Khorchide, Mouhanad: Islam ist Barmherzigkeit. Freiburg-Basel-Wien: Verlag Herder GmbH 2013, S. 45.

41 Vgl. Khorchide, Mouhanad: Islam ist Barmherzigkeit. Freiburg-Basel-Wien: Verlag Herder GmbH 2013, 44ff.

42 Zitat von Sören Kierkegaard in: Hahn, Britta: Ich will anders, als du willst, Mama. Paderborn: Junfermann Verlag 2007, S. 12.

standes zu bedienen. Dabei betont Kant, dass alleine das Verwenden des eigenen Verstandes keine Schwierigkeit darstellen würde, wenn es dem Menschen gelinge, sich mutig durch seine eigenen Denkprozesse zu begleiten und dem aufzuhorchen, was in einem selbst lebendig wird und vollkommen seine geistigen Kräfte auszuschöpfen.

> „Unmündigkeit ist das Unvermögen, sich seines Verstandes ohne Leitung eines anderen zu bedienen. Selbstverschuldet ist diese Unmündigkeit, wenn die Ursache derselben nicht am Mangel des Verstandes, sondern der Erschließung und des Mutes liegt, sich seiner ohne Leitung eines anderen zu bedienen."[43]

3.3 Der Weg zur Beziehung

> „Die Beduinen sagen: „Wir haben Glauben erlangt." Sag (zu ihnen, o Muhammad): „Ihr habt (noch) nicht Glauben erlangt; ihr solltet (vielmehr) sagen: „Wir haben uns (äußerlich) ergeben – denn (wahrer) Glaube ist in eure Herzen noch nicht eingezogen."[44]

Gott kritisiert hier die Beduinen, indem er sie mahnt, sich vor Vorurteilen und falschem Stolz zu hüten, da der wahre Glaube erst dann in einem Menschen Einzug gehalten hat, wenn dieser sein Herz von Übermut und Arroganz gereinigt hat. Dies wiederum fordert den Menschen dazu auf, sein Herz von innen zu sehen, es zu disziplinieren und darüber zu reflektieren, was Gott von einem Menschen wirklich will. Demnach kann ein Mensch nicht umher, als über die offenbarten Worte Gottes nachdenken. Hierzu heißt es Koran:

> „Beizeiten werden Wir sie Unsere Botschaften voll verstehen lassen (durch das, was sie wahrnehmen) an den äußersten Horizonten (des Universums) und in sich selbst, so dass es ihnen klar sein wird, dass diese (Offenbarung) fürwahr die Wahrheit ist."[45]

Für Toshihiko Izutsu sind die Bedeutungen zu den Versen symbolisch zu verstehen, denn Gott zeigt sich in den Versen dem Menschen sichtbar. Durch das Verstehen seiner Worte kann Gott in die menschlichen Angelegenheiten einwirken.

Das theologische Bemühen geht einher, indem man Gott als Ausgangs-, Bezugs-, und Zielpunkt betrachtet. Damit jedoch der Mensch Gott begreifen kann, muss er

---

43   Kant, Immanuel: Was ist Aufklärung? Berlin:Dearbooks Verlag 2016, S. 7.

44   Asad, Muhammad: Die Botschaft des Koran. Ostfildern: Patmos Verlag 2011, S. 980.

45   Ebd. S. 913.

sich selbst erst gut kennen. Demnach befinden sich alle Menschen inmitten der göttlichen Symbole, die sie jedoch erst offenbaren müssen. Gott hat zwar die Verse offenbart, doch der Mensch muss die weitere Initiative ergreifen und auch die innere Bereitschaft haben, um sie zu begreifen. Daher ist es nicht möglich, Verse ganzheitlich für sein Leben zu verstehen, ohne sich vorher mit ihnen auseinandergesetzt zu haben. Somit kann der Mensch als verantwortungsvolles Wesen die Offenbarung Gottes ablehnen oder annehmen.

> „Wir haben euch fürwahr die Zeichen (davon) klargemacht, wenn ihr doch nur euren Verstand gebrauchen würdet!"[46]

Die folgende Abbildung soll verdeutlichen, wie eine Kommunikation nach Izutsu erfolgen kann.

<u>**Göttlicher Teil (1-4)**</u>   <u>**Menschlicher Teil (4-7)**</u>

1	2	3	4	5	6	7
Gott sendet einen Vers hinab	Der Mensch versteht die Bedeutung der Ayat	Das Organ des Verstehens	Die Bedeutung der Ayat	Die menschliche Reaktion	Die unmittelbare Folge	Das Endergebnis
Tanzil	nachdenken verstehen erinnern etc.	Das Wesentliche Herz	(A) Gabe Gnade Etc. Freude (B) Rache Strafe Zorn Etc. Ermahnung	(a) Wahrhaftige Bestätigung (b) Leugnung	(i) Dankbarkeit (A+a) (II) Gottesehrfurcht (B+a) (III) Verdeckung (A.B+b)	Glaube (I,II) Verdeckung (III)

Tabelle 1: Nonverbale Kommunikation[47,48]

---

46   Asad, Muhammad: Die Botschaft des Koran. Ostfildern: Patmos Verlag 2011, S. 129.
47   Vgl. Izutsu, Toshihiko: God and Man in the Qur'an Weltanschauung. Tokyo: Keio University 1964, S 147ff.
48   Freie Übersetzung der Autorin aus dem Englischen Original.

3.3.1 Erklärung zur Tabelle:[49],[50]

Dem Koran zufolge liegt die Quelle des menschlichen Verstehens in der psychologischen Kapazität, genannt das „Herz".

Alle mentalen Aktivitäten (das Verstehen, Begreifen, Erfassen...) sind nichts anderes als konkrete Erscheinungsformen der geistigen Kapazität. Das Herz also befähigt erst den Menschen, die Bedeutung der göttlichen Verse (arab.: ayat) zu verstehen.

Wenn also dieses Organ (Herz) versiegelt und abgedeckt und nicht richtig funktioniert, dann ist es nicht in der Lage, zu verstehen (3).

> „...weshalb ihre Herzen versiegelt wurden, sodass sie die Wahrheit nicht erfassen konnten."[51]

Das Herz wurde so erschaffen, dass es auf natürliche Weise die Bedeutung der göttlichen Verse verstehen kann, vorausgesetzt, es funktioniert. Wie kann man nun sicher gehen, ob man die göttlichen Verse verstanden hat? Es geht um die Bedeutung, dass nur ein verständnisvolles Herz offenbart werden kann. Für ein solches Herz sind die Verse hauptsächlich diametral - die Verse sind entgegengesetzt zu verstehen. Beispielsweise symbolisieren einige Verse die göttliche Güte, die unendliche Liebe, das Wohlwollen und die Gnade Gottes, während andere den Zorn Gottes, die unmittelbar bevorstehende Strafe und Rache symbolisieren. Im ersten Fall des göttlichen Handelns spricht man vom Überbringen der guten Nachricht; im letzteren Fall von einer Warnung. Entsprechend ist der Prophet auch so genannt worden, als der Überbringer der guten Nachricht aber gleichzeitig auch als jener Überbringer, der die Warnung ausspricht (4).

Die fünfte Spalte (5) befasst sich mit der Reaktion des Menschen auf die göttlichen Verse. Die grundlegende menschliche Antwort besteht entweder aus der Annahme der göttlichen Verse, indem man sie als richtig bezeichnet auch oder der Ablehnung der göttlichen Verse, indem man sie als völlig unsinnig bezeichnet. Die Verzweigung der menschlichen Reaktion ist sehr wichtig, da es förderlich für den „Glauben" sein kann, aber auf der anderen Seite auch für den „Unglauben". Die

---

[49] Vgl. Izutsu, Toshihiko: God and Man in te Qur'an Weltanschauung. Tokyo: Keio University 1964, S 147ff.

[50] Freie Übersetzung der Autorin aus dem Englischen Original.

[51] Asad, Muhammad: Die Botschaft des Koran. Ostfildern: Patmos Verlag 2011, S. 359.

unmittelbare Folge dieser gegabelten menschlichen Antwort wird in Spalte sechs (6) sichtbar, in der nicht-sprachlichen Kommunikation.

Wenn ein Mensch also die göttlichen Symbole (Verse) als wahr akzeptiert (A +a), als Symbol der göttlichen Gnade: Dann spiegelt sich das Ergebnis an diesem Menschen im religiösen Sinne in Dankbarkeit wider (I).

Wenn er zudem die Symbole (Verse) in der zweiten Kategorie B+a als wahr akzeptiert, ergibt das die Gottesfürchtigkeit des Menschen. Das bedeutet ursprünglich die Furcht vor der Strenge des Herrn am Tage des Gerichtes und Seiner Züchtigung.

Wenn ein Mensch A + als falsch ansieht, und A+b auch, dann ergibt das den Unglauben eines Menschen.

Zum Gegensatz steht Iman hier mit: A B +b [52]

3.4 Die Beziehung im Unterricht

Im Unterricht kommt man als Lehrkraft nicht umhin, eine Beziehung zu den SchülerInnen aufzubauen, damit Lernprozesse stattfinden können. Lernen funktioniert über Beziehung, weil im Unterricht nicht nur der Intellekt der SchülerInnen angesprochen wird, sondern vor allem im Religionsunterricht das menschliche Herz.

Hier unterscheiden Hart und Hodsen mindestens vier Arten von Beziehungen im Unterricht. Erstere ist jene Beziehung, die die LehrerInnen zu sich selbst pflegen. Die zweite ist die Beziehung, die LehrerInnen zu ihren SchülerInnen haben. Die dritte meint jene Beziehung, die die SchülerInnen untereinander haben und die vierte Beziehung definiert, wie die SchülerInnen zu ihrem eigenen Lernprozess stehen.

Wesentlich für die vorliegende Arbeit ist jene Beziehung, die die LehrerInnen zu sich selbst pflegen sowie auch die Beziehung, die sie zu ihren SchülerInnen haben. Die beiden anderen Aspekte von Beziehung sind zwar auch wesentlich, werden jedoch im Rahmen dieser Arbeit nicht behandelt.

---

[52] Vgl. Toshihiko Izutsu, God and man in the Quran, Keio University Minatoku, 1964, S. 147ff.
Freie Übersetzung der Autorin aus dem Englischen Original.

„Wahres Mitgefühl erfordert von uns, unsere eigene Menschlichkeit zu beachten, zu einer tiefen Akzeptanz unseres eigenen Lebens zu kommen, so wie es ist. Dafür müssen wir mit dem, was in uns selbst am menschlichsten ist, wirklich in Beziehung treten."[53]

Folgende Fragen können für die LehrerInnen hilfreich sein:

1. Welche Qualitäten bewerte ich bei mir selbst am meisten?
2. Welche Qualitäten möchte man bei seinen eigenen SchülerInnen kultivieren?

Anne-Marie Tausch und Reinhard Tausch beschreiben, dass der Unterricht die seelischen Vorgänge durch äußere Bedingungen erleichtert oder auch erschwert werden kann. Die Lernvorgänge werden durch *„das gefühlsmäßige und soziale Verhalten des Lehrers"*[54] ausgelöst. In empirischen Studien wurden die vier förderlichen Verhaltensnormen und Haltungen *(methodisch als Dimensionen bezeichnet)*[55] zusammengefasst und geprüft. Die folgende Darstellung soll die 4 Dimensionen im Zwischenmenschlichen beleuchten und im nachfolgenden Unterkapitel näher erläutern:

beeinträchtigend	Förderlich
Missachtung-Kälte-Härte	Achtung-Wärme-Rücksichtnahme
Kein einfühlendes Verstehen	Vollständiges einfühlendes Verstehen
Fassadenhaftigkeit-Nichtübereinstimmung-Unechtheit	Echtheit-Übereinstimmung-Aufrichtigkeit
Keine fördernden nichtdirigierenden Tätigkeiten	Viele fördernde nichtdirigierende Tätigkeiten

Tabelle 2: Die vier Dimensionen[56]

Die vier Dimensionen erweisen sich als eine weitreichende Entwicklung der seelischen Grundvorgänge von Kindern und Jugendlichen, wobei auch hier Tausch kritisch anmerket, dass die Lehrperson die anzustrebenden Haltungen im schulischen Bereich nur sehr begrenzt leben kann.

---

53 Zitat von Remen, Naomi; in: Empathie im Klassenzimmer, Paderborn: Junfermann Verlag 2006, S. 26.
54 Tausch, Anne-Marie / Tausch, Reinhard: Erziehungspsychologie. Göttingen-Bern-Toronto-Seattle: Verlag für Psychologie 1998, S. 29.
55 Ebd. S. 99.
56 Ebd. S. 100.

> „Das Lernen wird erschwert, wenn Jugendliche – zumindest zunächst, diese Haltungen des Erwachsenen nur wenig erwidern."[57]

Konsequenterweise sieht Tausch im Abwehrverhalten der SchülerInnen keine Garantie dafür, dass eine angemessene Entwicklung eines jungen Menschen geschehen kann. Zwar ist die Lehrperson für den Lernprozess als eine Bedingung verantwortlich, doch wird das Verhaltend eines jungen Menschen auch durch Faktoren der genetischen Bedingungen und von Umweltbedingungen beeinflusst.[58]

3.5 Die vier Dimensionen nach Tausch und Tausch

Um eine humane Begegnung von Person zu Person zu gewährleisten, beschreiben Tausch und Tausch die vier Dimensionen sehr ausführlich. In zahlreichen Untersuchen wurde erforscht, dass, wenn sich Jugendliche geachtet und gemocht fühlen, wesentliche seelische Prozesse in ihnen gefördert werden. Dabei unterstreichen Tausch und Tausch, dass die vier Dimensionen in allen Lebensbereichen aktiviert werden können.

1. Achtung – Wärme – Rücksichtnahme

Nach Achtung und Wärme haben alle Menschen ein großes Bedürfnis. Es führt zu einem konstruktiven Verhalten. Wesentlich ist für den Menschen nicht der materielle Wert von etwas, eines Gegenstandes beispielsweise, sondern der Mensch selbst. Dadurch das, wir Menschen mit einem Seelenleben sind und durch unsere Seele menschliche Präsenz werden Kräfte in den SchülerInnen aktiv, die sie bislang nicht kannten. Durch die Anteilnahme unserer Mitmenschen, durch die Offenlegung der Gefühlswelt und der Offenheit der Gedanken trägt der Mensch dazu bei, sich dem anderen nahe zu fühlen. Diese emotionale Dimension ist schwer darzustellen und ist meist nur durch die *„Äußerungsformen in Sprache, Mimik, Gestik, Maßnahmen und sonstigem Verhalten erschließbar".*[59] Tausch und Tausch geben jedoch ansatzweise Beispiele, wie ein achtsames Verhalten von LehrerInnen aussehen könnte.

---

[57] Ebd. S. 99.

[58] Vgl. Ebd. S. 99.

[59] Vgl. Ebd. S. 119.

- „Den anderen wertschätzen, an ihm Anteil nehmen
- Ihm Geltung schenken, ihn anerkennen, ihn willkommen heißen, ihm zugeneigt sein
- Mit ihm freundlich sein, herzlich umgehen, mit ihm nachsichtig sein
- Ihn rücksichtsvoll, zärtlich, liebevoll behandeln
- Ihn ermutigen, ihn wohlwollend behandeln
- Ihm vertrauen
- Zu ihm halten, ihm beistehen, ihn beschützen, ihn umsorgen, ihm helfen, ihn trösten
- Sich ihm gegenüber öffnen, ihm nahe sein."[60]

Carl Rogers ist der Ansicht, dass Achtung, die LehrerInnen ihren SchülerInnen schenken, nicht an Bedingungen geknüpft sein muss. Der Jugendliche darf seine Gefühle und Erfahrungen zu einem bestimmten Thema frei äußern, auch wenn die Lehrperson dem Geäußertem vielleicht nicht zustimmen kann. Doch was die Lehrperson tun kann ist, die SchülerInnen in ihrer Wahrnehmung ohne Wertung und Vorurteile anzunehmen.

2. Einfühlendes Verstehen

Hierbei geht es um das tiefere Verständnis der Botschaften der SchülerInnen. Mit jeder Äußerung wollen sie etwas ausdrücken und durch das aktive Hinhören und durch die bewusste Entscheidung, heraushören zu wollen, was sie fühlen und wahrnehmen, wird einfühlendes Verstehen ermöglicht. Dabei ist es Lehrperson wichtig, die SchülerInnen in ihrer Innenwelt ernst zu nehmen und ihnen kein Pseudo-Verstehen vorzuheucheln, indem sie den SchülerInnen helfen, die emotionalen Erlebnisinhalte zu verbalisieren. Vollständiges einfühlendes Verstehen meint:

- „eine Person erfaßt die vollständig die vom anderen geäußerten gefühlsmäßigen Erlebnisinhalte und gefühlten Bedeutungen
- sie versteht den anderen so, wie dieser sich im Augenblick selbst sieht

---

[60] Tausch, Anne-Marie / Tausch, Reinhard: Erziehungspsychologie. Göttingen-Bern-Toronto-Seattle: Verlag für Psychologie 1998, S. 120.

- ihre Handlungen und Maßnahmen sind dem persönlichen Erleben des anderen angemessen

- sie ist dem anderem in den nahe, was dieser fühlt, denkt und sagt...“[61]

3. Echtheit – Aufrichtigkeit

Echtheit meint, dass die Äußerungen, Maßnahmen und Mimik einer Person mit ihrem Denken und Fühlen übereinstimmen. Die SchülerInnen bekommen so Einblick in das Denken und Fühlen der LehrerInnen und können nachvollziehen, weshalb bestimmte Handlungen bestimmte Gefühle in ihnen auslösen. LehrerInnen machen sich mit ihrer Echtheit verwundbar, doch ohne Aufrichtigkeit kann keine zwischenmenschliche Beziehung längerfristig bestehen bleiben. SchülerInnen müssen wissen, wie weit sie mit ihren Grenzerfahrungen gehen dürfen und mit wem sie in Zukunft kooperieren werden.

- „eine Person sagt das, was die denkt und fühlt

- Sie gibt sich so, wie sie wirklich ist ...

- Sie verhält sich in individueller, origineller, vielfältiger Weise

- Sie offenbart sich anderen und gibt sich mit ihrem Ich zu erkennen, sie verleugnet sich nicht

- Sie ist durchsichtig

- Sie drückt tiefe gefühlsmäßige Erlebnisse aus...“[62]

4. Fördernde nicht-dirigierende Einzeltätigkeiten

Wenn Lehrpersonen achtsam und einfühlend in der seelischen Welt der Jugendlichen zentriert sind, dann hat diese offene und warme Anteilnahme einen sehr großen und positiven Einfluss auf alle Handlungen und Aktivitäten im Schulunterricht, hier spezifisch im Islamischen Religionsunterricht. Tauscht betont hier, dass Einfühlung in keinem Falle Passivität oder Gleichgültigkeit der LehrerInnen bedeutet.[63] Die nicht-dirigierenden Tätigkeiten vereinfachen die Denkmöglichkeiten im Unterricht.

---

[61] Vgl. Ebd. S. 181.

[62] Tausch, Anne-Marie / Tausch, Reinhard: Erziehungspsychologie. Göttingen-Bern-Toronto-Seattle: Verlag für Psychologie 1998, S. 215.

[63] Vgl. ebd. S. 243.

- ...für den anderen Materialien (z.B. verständliche Texte) und menschliche Hilfsquellen (z.B. Tutoren) ausfindig machen, sich für ihn verfügbar halten (z.B. für Gespräche)

- den anderen Angeboten machen, ihm Anregungen geben, ihm Alternativen vorschlagen, ihm informierende Hinweise geben

- insgesamt: Die Tätigkeiten und Aktivitäten stimmen überein oder entsprechen dem einfühlenden Verstehen, der Achtung sowie Echtheit; sie widersprechen diesen Haltungen nicht...“[64]

Betont werden muss, dass erst die drei grundlegenden psychosozialen Haltungen größer sein müssen, damit die Tätigkeiten im Unterricht ansteigen. Daher ist die Persönlichkeit der LehrerInnen von der Bedeutung, wenn vom Lernen im Unterricht gesprochen wird.

3.6 Zusammenfassung

Aus diesem Kapitel geht hervor, dass Gott ein Beziehungswesen ist, das die Kommunikation mit dem Menschen sucht. Dabei geht es viel weniger darum, wie als weshalb Gott den Menschen sucht und welche Aufgaben der Mensch seelisch und mental zu erbringen hat, damit Kommunikation mit einem Wesen stattfinden kann, welches unsichtbar ist und auch in Zukunft weiterhin bleiben wird.

Das will auch heißen, dass wenn Gott mit dem Koran dem Menschen etwas mitteilen möchte, dann möchte Gott den Menschen zu einem Handeln bewegen, da sonst das Wort überflüssig wäre. Sobald der Mensch mit Gott kommuniziert, entsteht eine Beziehung, die bestimmte Gefühle beim Empfänger auslöst, die schlussendlich zu einer Verhaltensänderung führen kann. Inayat Khan geht davon aus, dass der Mensch bereits eine Beziehung zu Gott hat, von der er nichts wissen kann. Der Mensch kann es schaffen, eine wirklich innige Beziehung zu Gott aufzubauen, wenn sich dieser seinem inneren Leben widmet. Interessanterweise wird der Mensch so nicht isolierter von seinen Mitmenschen, sondern mitfühlender und verbindender.

Dabei ist es schwierig, ein allgemein gültiges Patentrezept zu erstellen, wie nun Gott ist, ob er nun wirklich nur barmherzig oder nur strafend ist, denn aus den

---

[64] Vgl. Tausch, Anne-Marie / Tausch, Reinhard: Erziehungspsychologie. Göttingen-Bern-Toronto-Seattle: Verlag für Psychologie 1998, S. 247.

Quellen ist anzumerken, dass er beides in sich vereint und eine Auslegung ins schier Positive oder ins Negative Ausdruck des Bedürfnisses des Menschen alleine ist, da der Mensch für Gott keine wirklich treffenden Aussagen treffen kann, jedoch und das ist ausschlaggebend und authentisch: für sich treffen kann.

Um sich selbst zu erkennen, muss man in sich hineinblicken und wenn dies der Mensch geschafft hat, kommt er Gott immer näher. Khorchide meint, dass Strafmaßnahmen, die Gott im Koran erwähnt, nicht dazu dienten, den Menschen zu verängstigen, sondern den Menschen zu einem reflektierten Handeln zu führen. Verbote, die von Gott ausgesprochen werden, seien kein Liebesentzug, sondern Liebesbeweise, da Gott hier dem Menschen zeigen möchte, was er vom Menschen hält und wie groß seine Liebe zu seinen Geschöpfen ist und dass er sie vor Schaden bewahren möchte. Dabei entscheidet der Mensch selbst, wie weit er in der Beziehung zu Gott treten möchte. Den Weg zur Beziehung wird durch Demut gefördert, indem Gott den Menschen prüft, ob dieser wirklich glaubt oder nur Lippenbekenntnisse von sich gibt.

LehrerInnen spielen in diesem Beziehungsmodell eine wesentliche Rolle, da sie eine Brückenfunktion darstellen. Sie sind nicht direkt die Brücke zwischen SchülerInnen im Unterricht und Gott, sondern indirekt. Durch das Wirken der LehrerInnen zeigen sie auf, wie eine Beziehung von statten gehen kann und diese Erfahrung darüber kann in andere Beziehungen, hier zu Gott, transferiert werden.

Die Lehrperson kommt eine bedeutende Rolle zu, indem sie aufweisen kann, wie eine Beziehung in wertschätzender Haltung auszusehen vermag. Tausch und Tausch meinen, dass LehrerInnen die seelischen Vorgänge im Unterricht erleichtern aber auch erschweren können. Förderliche Maßnahmen sind in den vier Dimensionen ersichtlich, die davon ausgehen, dass LehrerInnen Achtung, Einfühlendes Verstehen, Aufrichtigkeit und fördernde nicht-dirigierende Einzeltätigkeiten im Unterricht einleiten und sie kultivieren müssen.

Dadurch, dass SchülerInnen das Gefühl vermittelt bekommen, dass sie sich frei ausdrücken können, erfahren sie, dass eine Lehrperson die etwaigen emotionalen Spannungen aushalten kann, was im Endeffekt inspirierend wirken kann, Gott als lebendiges Medium zu betrachten.

Im nächsten Kapitel soll es nun darum gehen, wie man solch eine lebendige Kommunikation zwischen Gott und Mensch initiieren kann. Dies soll anhand der Methoden, die die gewaltfreie Kommunikation bietet, ermöglicht werden. Zuvor wird jedoch ein kurzer Einblick in die Biografie des Begründers der gewaltfreien Kommunikation, Marshall B. Rosenberg, gegeben.

4 Die Gewaltfreie Kommunikation nach Marshall B. Rosenberg

Marshall B. Rosenberg wurde am 6. Oktober 1934 in Ohio, Vereinigte Staaten, geboren. Ursprünglich schlug Marshall B. Rosenberg einen recht akademischen Weg seiner Arbeit ein. Als Psychologe in den USA war er recht erfolgreich doch inmitten seiner Arbeit, als er Diagnosen über die Erkrankungen seiner Patienten schreiben sollte, ging ihm ein Licht auf. Er ging der Frage nach, wie es möglich sein könne, dass bestimmte Menschen ein erfülltes Leben führen können und manch andere ihr ganzes Leben lang in Konflikte verwickelt sind. Die Antwort fand er in der Art und Weise der jeweiligen zwischenmenschlichen Beziehungen und in deren Haltung dazu. Er kam zum Schluss, dass Menschen, die offen über ihre Gefühle und Handlungen sprechen können, in Kontakt mit sich selber sind und diejenigen, die sich schwer tun, diese Kompetenzen nicht erlernt haben.

> „Wenn zwei Menschen eine authentische und humane Beziehung haben, ist Gott die Elektrizität, die zwischen ihnen strömt."[65]

Rosenberg ist der Auffassung, dass wenn es zwei Menschen schaffen, in Wertschätzung miteinander zu agieren, sie auf diese Weise Frieden initiieren und somit direkt Gott durch sie hindurch ströme. Er vergleicht die begleitenden Gefühle einer Verbindung mit jenem Gefühl, das ein Mensch haben kann, wenn er Gott als Dialogpartner betrachtet.

4.1 Leben und Wirken des Marshall B. Rosenberg

Rosenberg geht von der Grundannahme aus, dass Sprache uns Menschen dazu verleiten kann, uns von unseren Mitmenschen zu entfremden, indem wir einen gewaltvollen Wortschatz[66] in unser Leben integrieren. Dieser Wortschatz hindert uns daran, auf eine natürliche Art und Weise unser Emphatievermögen frei zu entfalten und an ihm zu wachsen, damit wir nicht nur für unser Wohlergehen im Leben beitragen können, sondern auch für das unserer Mitmenschen.

Als Marshall Rosenberg im Jahr 1943 mit seiner Familie nach Detroit umzog, erlebte er den Rassenkrieg hautnah mit. Diese Erfahrung prägte auch das Leben

---

[65] Zitat von Buber, Martin in: Rosenberg, Marshall B.: Die Sprache des Friedens sprechen. Paderborn: Junfermannsche Verlagsbuchhandlung 2006, S.107

[66] Im weiteren Verlauf der Arbeit erläutere ich präziser, was mit „gewaltvollem Wortschatz" gemeint ist.

seiner Familie stark, denn sie hatten Angst, ihr Haus zu verlassen. Zudem stammte Marshall B. Rosenberg aus einer jüdischen Familie ab und schon im Kindesalter erlebte er, dass allein sein jüdischer Name Aggressionen bei seinen Mitmenschen auslösen konnte. Damals fragte er sich, warum und wie das nur sein könne, wo er doch niemandem etwas zu Leide getan hatte. Ebenso ging er der Frage nach, wie es sein könne, dass Menschen Freude empfinden können, wenn sie andere leiden sehen, andere wiederum fast schon mitlitten, als würde ein Teil von ihnen im Anderen leben.

In seinem Familienkreis erlebte er das komplette Gegenteil seiner Außenwelt und wurde dadurch inspiriert zu forschen und zu hinterfragen, wie es sein könne, dass es Menschen gibt, die sogar unter den schwierigsten Bedingungen ihre ureigene und mitfühlende Art aufrecht erhalten können. Sein Onkel kümmerte sich achtsam und voller Freude um seine sterbenskranke Mutter und jedes Mal, wenn er von ihr nach Hause kam, hatte er ein strahlendes Gesicht und belastete niemanden, wobei es gleichzeitig für ihn schwer gewesen sein muss, sie zu pflegen. Ihm jedoch bereitete es ein Gefühl der Erfüllung, seiner Mutter im letzten Stadium ihres Lebens behilflich sein zu können.

Nun hatte Marshall B. Rosenberg zwei Verhaltensmuster in seinen jungen Jahren kennengelernt und beobachtete auch während seiner Studienzeit der Psychologie und auch danach diese zwei typischen Verhaltensmuster bzw. Haltungen bei den Menschen und war sich sicher, dass es sich um eine Kommunikationsbarriere handeln müsse bzw. um die Art, wie wir miteinander kommunizieren. Hier müsste der Schlüssel zu einer gelinden zwischenmenschlichen Beziehung liegen.[67] Diese Annahme bekräftigte sich auch dadurch, dass Rosenberg durch sein therapeutisches Wirken erfuhr, dass er seinen Klienten, die mit Depressionen zu ihm kamen, Empathie gegeben hatte, indem er ihnen einfach nur zuhörte und ihren Schmerz nachfühlen konnte, sodass sie sich verstanden fühlten und dadurch Kraft hatten, bestimmte Lebensumstände für sich selbst neu zu überdenken und sie maßgeblich zu verändern, ohne dass er ihnen dafür Antidepressiva verschreiben musste.

In der Rolle des Therapeuten, der Diagnosen für seine Klienten stellte, sah sich Rosenberg nicht mehr und dadurch entstand die Idee für das Konzept der gewalt-

---

[67] Vgl. Rosenberg, Marshall B.: Konflikte lösen durch Gewaltfreie Kommunikation. Freiburg im Breisgau: Verlag Herder GmbH 2014, S. 10ff.

freien Kommunikation.[68] In den frühen 1960er Jahren begann er das Konzept der gewaltfreien Kommunikation nach und nach zu entwickeln. Dabei stützte sich Rosenberg auf seine Nachforschungen, die ihm wichtige Erkenntnisse boten. Er hielt drei Faktoren für wesentlich, warum sich einige Menschen gewaltsam und brutal und andere mitfühlend in den exakten Situationen verhielten. Diese wären:

- „Zuerst die Sprache, die uns vermittelt wurde.

- Zweitens die Art zu denken und zu kommunizieren, die uns beigebracht wurde.

- Drittens die spezifischen Strategien, die wir gelernt haben, um uns und andere zu beeinflussen."[69]

Mit seinen abgehaltenen Seminaren und Trainings sprach er viele Menschen an und so entschied er sich im Jahr 1984, das Center for Nonviolent Communication (CNVC) zu gründen, das weltweit an die 250 zertifizierte TrainerInnen umfasste.[70] In dieser neuen Rolle des Lehrers, der vielen Menschen die Kommunikationsform der gewaltfreien Kommunikation unterbreiten wollten, bemerkte Rosenberg sehr schnell, dass er bis dato kein wirksameres Konzept finden konnte, um konfliktbelastende Familien zum natürlichen Mitgefühl zu führen. Bestärkt in seinem Vorhaben hatten ihn auch die vielen Gespräche mit Menschen in Kriegsgebieten, wo er anhand praktischer und lebensrealer Lebenswelten verdeutlichte, worum es bei der gewaltfreien Kommunikation geht: Welche Möglichkeiten können wir finden, um an einen gewaltfreien Weg zu gelangen, wohin wir wollen?

Dabei implizierte Rosenberg, dass die eigene Haltung von großer Bedeutung sei, denn sie erfordert vom Menschen Ehrlichkeit und Offenheit.

---

[68] Ebd. S.

[69] Rosenberg, Marshall B.: Was deine Wut dir sagen will. Paderborn. Junfermann Verlag 2009, S. 6.

[70] Vgl. Gaschler, Frank und Gundi: Ich will verstehen, was du wirklich brauchst. München: Kösel-Verlag 2007, S.19

4.2 Die zwei Symbole der Gewaltfreien Kommunikation nach Marshall B. Rosenberg

Der Begriff der gewaltfreien Kommunikation wird sehr häufig missverstanden, da dadurch der Eindruck entsteht, dass alle Menschen der Welt „gewalttätig" sprechen würden und nur ein auserwählter Teil der Menschheit nicht. Dem tritt Rosenberg entschieden zurück, denn es geht bei der gewaltfreien Kommunikation darum, das auszudrücken, was wir wollen – jedoch in einer Art und Weise, die der Zuhörer annehmen kann, also in einer lebensbereichernden anstatt einer bedrohenden Sprache. Bekannt ist die gewaltfreie Kommunikation als die *„Sprache des Herzens"* oder der *„Giraffensprache"*.[71]

All das, was ein Mensch tut, um einen anderen Menschen wissentlich zu manipulieren, seine Macht willkürlich auszuüben und Zwang auszuüben, ist nach Rosenberg Gewalt. Demnach ist Gewalt nach Rosenberg nicht nur die physische, die sichtbare Instanz durch Taten und Worte, sondern auch die psychische, die einen Menschen dazu zwingen kann, was er einerseits nicht möchte aber andererseits nicht ablehnen kann, weil sich dieser ohnmächtig fühlt. Macht über eine andere Person ausüben zu wollen, stört den natürlichen Kommunikationsfluss zwischen den Beteiligten und wird gefüllt durch Scham, Schuldzuweisungen, Ärger und Frustration. Ebenso hält Rosenberg nichts von Belohnungen oder Bestrafungen. Angemerkt muss jedoch werden, dass das differenzierte Betrachten der Belohnungen und Bestrafung nicht im Rahmen dieser Arbeit erarbeitet wird und der Fokus auf die Kommunikationsart zwischen Gott und den Menschen gerichtet wird. Gewaltfreiheit bedeutet für Rosenberg, dass man dafür Sorge trägt, dass alle Menschen ihre Bedürfnisse gestillt bekommen und es demnach gar nicht notwendig ist, Gewalt an anderen auszuüben.

> „Alle Form von Gewalt ist ein tragischer Ausdruck unerfüllter Bedürfnisse."[72]

Um die Kommunikationsmuster, die er seit seinen Kindesbeinen beobachtet hatte, besser verdeutlichen zu können, hat sich Rosenberg für zwei Tiere entschieden, die es am Besten ausdrücken könnten, für die Giraffe und den Wolf

---

[71] Ebd. S.27.

[72] http://www.gespraechskultur.org/gewaltfreie-kommunikation.html, Zugriff: 17.08. 2018.

Die Giraffe steht in der gewaltfreien Kommunikation für die Sprache des Herzens und da die Giraffe als Landtier den größten Hals und das größte Herz besitzt, ist sie diejenige, die alles im Blickfeld hat und daraus ergebend offen ist für das, was kommt. Sie ist bestrebt, in Kontakt mit ihren eignen Gefühlen und Bedürfnissen zu sein, aber auch offen dafür, herauszufinden, welche Bedürfnisse und Gefühle das Gegenüber hat. Alles, was sie tut ist, herauszufinden, welch lebensfördernde Strategien sie finden kann, um ihre Bedürfnisse befriedigt zu wissen, wobei sie hier keine moralischen Urteile fällt, aber dennoch Verantwortung für ihr Handeln übernimmt. Dabei geht es um zwei grundlegende Fragen, die große Aufmerksamkeit erfordern. Die erste Frage, die man sich stellen sollte wäre, was in einem selbst lebendig ist? Wenn wir herausgefunden haben, was wir eigentlich wollen und was in uns lebendig ist, dann kommen wir zur zweiten Frage, die sich damit beschäftigt, wie wir das Leben von uns selbst aber auch für unsere Mitmenschen bereichern können.

> „Frag dich nicht, was die Welt braucht. Frag dich, was dich aufleben lässt, und dann macht dich auf, es zu tun. Denn was die Welt braucht sind Menschen, die zum Leben erwacht sind."[73]

Der Mystiker Rumi wusste bereits um die Wichtigkeit, keinen Menschen zu verurteilen und ihn in seinen Fehlern zu lassen, sie wertzuschätzen und zu achten. Ebenso verstand er, dass wir keine Götter in Menschengestalt sind, die permanent jemanden davon überzeugen sollten, was falsch oder richtig sei und dass Begegnung nur dann stattfinden kann, wenn man innerlich im Kontakt mit sich selbst ist.

Diese Haltung werden wir somit nach außen ausstrahlen. *„Jenseits von richtig und falsch liegt ein Ort. Dort treffen wir uns."*[74]

Fehler definiert auch Martin Weingardt einleuchtend:

> „Als Fehler bezeichnet ein Subjekt angesichts einer Alternative jene Variante, die von ihm – bezogen auf einen damit korrelierenden Kontext und ein spezifisches Interesse – als so ungünstig beurteilt wird, dass sie unerwünscht erscheint."[75]

---

[73] Zitat von Whitman, Harold in: Rosenberg, Marshall B.: Die Sprache des Friedens sprechen. Paderborn: Junfermannsche Verlagsbuchhandlung 2006, S. 23.

[74] Tewes Renate: „Wie bitte?"-Kommunikation in Gesundheitsberufen. Berlin: Springer Verlag 2010, S. 2.

So lange wir leben, werden wir Fehler begehen, denn sie sind ein Teil unserer Persönlichkeitsentwicklung, welche unentbehrlich sind.

Der Wolf hingegen nimmt eine moralische Haltung ein und bewertet alles, was von außen und innen kommt, als „richtig" oder „falsch". Da diese Denkweise den Menschen immer in eine Bewertungssituation bringt, führt diese zu Gefühlen wie Ärger, Scham und Schuld. Ein Wolf kann oder will sein Gegenüber weder verstehen, noch ist er mit sich selbst in Kontakt, weswegen es zu Beschuldigungen und auch Entschuldigungen kommt, jedoch nie zum wirklichen Kern des Dialogs: zum Verstehen und zum Kontakt mit sich selbst, aber auch mit seinem Gegenüber.

> „Gewaltfrei heißt nicht nur Verzicht auf Gewalt und Widerstand, heißt auch nicht etwa die andere Wange hinhalten. Gewaltfrei ist eine viel schwierigere Aufgabe, nämlich Verständnis und Einfühlung in die Ängste, die Unwissenheit, Hilflosigkeit und Unsicherheit der Menschen und Faktoren, die gewaltvolles Handeln hervorrufen."[76]

4.3 Die Bedürfnisse nach der Gewaltfreien Kommunikation

Rosenberg nimmt an, dass jeder Mensch ganz gleich welcher Nation, Religion oder Weltanschauung angehörig dieselben Bedürfnisse hat. Unterschieden werden nur die Strategien, um die jeweiligen Bedürfnisse zu befriedigen. Das Erfahren des Menschen, dass quasi jeder gleich ist und dieselben Bedürfnisse wie die anderen Menschen hat, bringt ihn dazu, sich in der Einheit der Menschlichkeit wiederzusehen, als einer großen Gemeinschaft, die er sich zugehörig fühlt. Den gängigen Alltagsbegriff der Bedürfnisse lehnt Rosenberg hier jedoch kategorisch ab, denn sie hat eine zunehmend negative Konnotation, die im Widerspruch zum Gedanken der gewaltfreien Kommunikation steht, da sie die Bedürfnisse als etwas Wertvolles und Kostbares im Menschen sieht und nicht als eine Mangelerscheinung, die man bald loswerden sollte. Wobei hier auch wichtig anzumerken ist, dass das Konzept der gewaltfreien Kommunikation an dieser Stelle oftmals missverstanden wird, denn sie wird mit ihrem Instrument der vier Schritte zwar methodisch benützt, aber vielmehr findet sie ihren wirklichen Ausdruck in der Haltung, mit der wir unseren Mitmenschen begegnen. Hier lässt sich auch das Menschenbild der gewaltfreien Kommunikation ableiten, die davon ausgeht, dass auch wenn nur

---

[75] Weingardt, Martin: Fehler zeichnen uns aus. Bad Heilbrunn: Verlag Julius Klinkhardt 2004, S. 234.

[76] https://leben-ohne-limit.com/4487/gewaltfrei/, Zugriff: 17.08. 2018.

ein Mensch nicht satt ist, es einen Mangel geben muss. In der gewaltfreien Kommunikation trachtet man also danach, dass von allen Menschen die Bedürfnisse gestillt werden müssen, denn es geht nicht darum, Macht über andere zu haben, sondern um die Kraft, gemeinsam etwas zum Wohlwollen aller zu gestalten.

Methodisch hat dabei Rosenberg die bekannten vier Schritte entwickelt, um besser auszudrücken, was wir brauchen und somit auch das Miteinander zu stärken. Die vier Schritte beinhalten den Ausdruck der 1. Beobachtung, 2. des Gefühls, 3. des Bedürfnisses und einer 4. Bitte. Diese werden im nächsten Unterkapitel präziser dargestellt. Durch den Prozess der vier Schritte macht der Mensch die Erfahrung, in sich selbst einzufühlen, wodurch der Zuhörer die Möglichkeit bekommt, mit einem anderen, vielleicht vollkommen fremden Menschen mitzufühlen. Die vier Schritte sind also ein Handwerkzeug, um einfacher in Kommunikation zu treten bzw. sich auszudrücken und auch verstanden zu werden, sodass die Beziehung zueinander gestärkt wird.[77]

Rosenberg formuliert die menschlichen Bedürfnisse in sieben große Kategorien:

1. Autonomie	Träume /Ziele /Werte wählen Pläne für die Erfüllung der eigenen Träume / Ziele / Werte entwickeln
2. Feiern	die Entstehung des Lebens und die Erfüllung von Träumen feiern Verluste feierlich begehen: von geliebten Menschen, Träumen usw. (trauern)
3. Integrität	Authentizität Kreativität Sinn Selbstwert

---

[77] Ebd. S. 27-28.

4. Interdependenz	Akzeptieren
	Wertschätzung
	Nähe
	Gemeinschaft
	Rücksichtnahme
	zur Bereicherung des Lebens beitragen
	emotionale Sicherheit
	Empathie
	Ehrlichkeit (gemeint ist die Ehrlichkeit, die uns Kraft gibt, aus unseren Schwächen zu lernen)
	Liebe
	Geborgenheit
	Respekt
	Unterstützung
	Vertrauen
	Verständnis
	Zugehörigkeit
5. Nähren der physischen Existenz	Luft
	Nahrung
	Bewegung, Körpertraining
	Schutz vor lebensbedrohenden Lebensformen: Viren, Bakterien, Insekten, Raubtieren
	Ruhe
	Sexualleben
	Unterkunft
	Körperkontakt
	Wasser
6. Spiel	Freude
	Lachen
7. Spirituelle Verbundenheit	Schönheit
	Harmonie
	Inspiration
	Ordnung (im Sinn von Struktur/Klarheit)
	Frieden

Tabelle 3: Grundlegende menschliche Bedürfnisse[78]

---

[78] Rosenberg, Marshall B.: Eine Sprache des Lebens. Paderborn: Junfermann Verlag 2012, S.74 f.

4.4 Die vier Schritte der Gewaltfreien Kommunikation

Die vier Schritte in der gewaltfreien Kommunikation beinhalten den Ausdruck der 1. Beobachtung, 2. des Gefühls, 3. des Bedürfnisses und einer 4. Bitte, die im selbigen Kapitel beleuchtet werden sollen. Vorab muss hier erwähnt werden, dass obwohl die vier Schritte ein methodisches Werkzeug sind, etwas anderes eine viel größere Rolle in der gewaltfreien Kommunikation einnimmt: die Haltung! Die Art und Weise, wie wir etwas hören oder lesen bestimmt den Fluss eines Gespräches. Vorrangig sind nicht die Worte, die wir lesen, sondern das, was sie in uns auslösen und all das, was wir aus ihnen herauslesen, denn sie lernen uns, klar vom Auslöser der Gefühle und der Ursache unserer unerfüllten Bedürfnisse zu unterscheiden. =

4.4.1 Die Beobachtung

Schon Jiddu Krishnamurti[79] betonte, dass es weitaus wesentlicher sei, zu beobachten als zu bewerten, indem er bekräftigte, dass es die höchste Form der menschlichen Intelligenz sei, wenn der Mensch es schaffe, eine bestimmte Situation nur zu beobachten, ohne ihr eine Interpretation zukommen zu lassen. In der gegenwärtigen Neuzeit ist dies jedoch schwer zu denken, zumal der Mensch, sobald er etwas sieht, sofort bewertet. Somit kommt es zu einer Vermischung der Bewertung und Beobachtung. Mit der Beobachtung wird all dies gemeint, was der Mensch mit seinen Sinnen erleben kann. Mit den Bewertungen wird jedoch das gemeint, was wir mit unseren Beobachtungen schlussfolgern. Je präziser es uns gelingt, eine Beobachtung von einer Bewertung zu trennen, desto weniger wird man eine Kritik in unseren Äußerungen raushören können.[80] Der Auslöser unserer Wut ist nicht unbedingt das, was andere Menschen tun, noch ist es die Ursache. Die Ursache unserer Wut beispielsweise liegt in uns selbst. Daher ist die Unterscheidung des Auslösers und der Ursache hier wesentlich. Dahingehend ist der zweite Schritt wichtig, dass all das, was Menschen tun, uns nicht wütend macht, sondern die bestimmte Bewertung über das, was sie tun.[81]

---

79 Vgl. Wagner, Petra: Die Sprache des Herzens. Norderstedt: Books on Demand 2014, S. 37.

80 Vgl. Larrson, Liv / Hoffmann, Katarina: Schlüsselunterscheidungen der GFK, Paderborn: Junfermann Verlag 2013, S. 13f.

81 Vgl. Rosenberg, Marshall B.: Was deine Wut dir sagen will. Paderborn. Junfermann Verlag 2009, S. 10f.

4.4.2 Die Gefühle

Zwischen dem Denken und dem Fühlen liegt ein großer Unterschied, zumal auch die Schwierigkeit darin besteht, das Herz mit dem Verstand zu vereinen. Die menschlichen Gedanken sind Interpretationen unserer Gefühle, von unserer Kultur, in der wir aufwachsen sind. Mit Gefühlen meint Katarina Hoffmann das Erleben körperlicher Reaktionen, auf die wir versuchen, angemessene Worte zu finden.[82]

4.4.3 Die Bedürfnisse

Mit den Bedürfnissen sind die angeborenen Triebkräfte[83] gemeint, die uns dazu bewegen, dass wir so handeln, dass wir uns gut schützen und uns weiterentwickeln können. Dabei richtet sich der Fokus in der GFK darauf, ob die Bedürfnisse der Menschen erfüllt werden und was man tun kann, damit sie erfüllt werden.[84] Dies ist eine andere Form des Denkens, da nicht darüber nachgedacht wird, was uns jemand angetan hat, sondern welche Bedürfnisse in uns nicht erfüllt sind, sodass wir verärgert sind.

> „Die Urteile, die wir uns über andere Menschen bilden, sind die Ursache unserer Wut – sie sind entfremdete, verzerrte Ausdrucksformen unserer unerfüllten Bedürfnisse."[85]

4.4.4 Das Bitten

Das Bitten in der GFK erfordert klare und konkrete Handlungen, die in die Tat umgesetzt werden sollen. Es geht weniger darum, was ein Mensch nicht möchte, sondern viel mehr darum, was er erfüllt sehen möchte. Dies ist ein großer Unterschied zu einer Forderung, die nach Rosenberg immer in 2 Möglichkeiten[86] münden: in der Rebellion oder der Unterwerfung. Um dem zu entgehen, muss gewährleistet sein, dass ein Mensch wählen kann, ob er eine bestimmte Bitte annehmen oder auch ablehnen kann, ohne im Gegenzug befürchten zu müssen, in seiner Per-

---

[82] Ebd. S. 18.

[83] Ebd. S. 20.

[84] Vgl. Rosenberg, Marshall B.: Was deine Wut dir sagen will. Paderborn. Junfermann Verlag 2009, S. 7.

[85] Rosenberg, Marshall B.: Was deine Wut dir sagen will. Paderborn. Junfermann Verlag 2009, S. 16.

[86] Ebd. S. 29.

son abgelehnt zu werden, da ein Nein zu einer Sache ein Ja für viele andere Sachen sein kann.

4.5 Die Praxis des Prozesses der Giraffen- und Wolfssprache

In diesem Rollenbeispiel geht es darum, wie man mit Angriffen von außen umgehen kann. In der rechten Spalte verdeutliche ich die Wolfssprache, die darauf abzielt, den Kontakt abzubrechen, wobei diese Kommunikationsart unbewusst geschieht, d.h. nicht immer mit der Absicht korreliert. Das Ende ist fix und bedeutet, dass keine weitere Kommunikation mehr erwünscht ist. In der linken Spalte wird dasselbe Beispiel mittels der gewaltfreien Kommunikation aufgeschlüsselt. Das Ende ist offen und möchte das Gegenüber hören, wieso etwas nicht gemacht worden ist. Betont werden muss jedoch, dass es bei der Gegenüberstellung in keinster Weise darum geht, zu bewerten, ob die Wolfssprache bzw. Giraffensprache besser wäre. Es soll nur dargestellt werden, welche Wirkungsweise jeweils beide auf den Zuhörer haben können. Jede Lehrperson kennt die Situation, wenn ein/e Schüler/in eine Hausaufgabe nicht gemacht hat, was sehr viel Ärger bei allen Beteiligten auslöst.

„Schon wieder hast du die Aufgabe nicht verstanden! Wie kann man nur so denkfaul sein?" **Bewertung**	„Ich sehe, dass du die Aufgabe noch nicht gemacht hast!" **Beobachtung**
„Da komme ich mir wirklich blöd vor!" **Interpretation**	„Ich bin genervt, wütend und müde." **Gefühl**
„Auf dich ist kein Verlass." **Kritik**	„...mir ist Offenheit wichtig und es macht für mich keinen Sinn, wenn ich mit dem weiteren Lernstoff weitermache, da mir Wachstum und Effektivität wichtig sind." **Bedürfnis**
„Wenn du bis am Montag die Aufgabe nicht hast, wirst du eine 5 bekommen!" **Strafandrohung**	„Ich würde gerne wissen, warum du die Aufgabe zum 5ten Mal nicht gemacht hast? Gibt es da etwas, das du mir mitteilen möchtest, sodass ich dich besser verstehen kann?!" **Bitte**

Tabelle 4: Wolfssprache vs. Giraffensprache

4.6 Zusammenfassung

Die gewaltfreie Kommunikation ist eine Form der Kommunikation, die dahingehend unterstützend wirken kann, wenn sich zwei Gesprächspartner einigen, in den Dialog zu treten. Die Art und Weise, wie wir miteinander sprechen, hat einen großen Einfluß darauf, ob wir konfliktorientierend oder friedensstiftend handeln. Zu dieser Erkenntnis kam nach etlichen Jahren der Beobachtung und Behandlung seiner Klienten Rosenberg, der das Konzept für die gewaltfreie Kommunikation begründete. Er geht dabei auf drei grundlegende Faktoren ein, warum Menschen in den gleichen Situationen gewaltsam auf der einen Seite, aber auch friedlich auf der anderen Seite agierten: 1. Die Sprache, 2. Das Denken, 3. Die Strategien, die ein Mensch verinnerlicht hatte. Nach etwaigen Überlegungen entschied sich Rosenberg für zwei Tiere, die die gewaltfreie Kommunikation symbolisieren sollten. Zum einen die Giraffe, sie steht für die Sprache des Herzens. Da die Giraffe einen langen Hals hat, symbolisiert sie auch, dass sie die ganze Situation im Überblick hat und ihrem Gegenüber die Hand zur Verständigung reichen möchte.

Auf der anderen Seite haben wir den Wolf, er steht für die Wolfssprache oder auch Machtsprache, die darauf abzielt, sein Gegenüber einzuschüchtern und ihm wenig Raum zu gewähren.

Ziel der gewaltfreien Kommunikation ist es, herauszufinden, welche Bedürfnisse ein Mensch erfüllt zu wissen braucht, damit er in Frieden mit sich selbst und seiner Umgebung leben kann, damit schlussendlich das Leben von allen bereichert wird. Dabei gibt es wie bei dem Mystiker Rumi nicht um eine Verurteilung des anderen, ob etwas schlecht oder gut ist, sondern eben um die grundlegende Frage für den Menschen: Was brauchst du, um glücklich und zufrieden zu sein und wie kann ich dir dabei behilflich sein?

In der Wolfssprache geht es jedenfalls um die Verurteilung, Beschuldigung von anderen, da das Interesse zur Verständigung nicht besteht. Vor allem im Rahmen des Islamischen Religionsunterrichtes ist es von großem Anliegen, dass die SchülerInnen bereits früh erlernen, verschiedene Ansichten und Gedanken zu respektieren, sie vielleicht auch zu durchdenken, aber nicht zu verurteilen, wenn kein Bedarf besteht.

Rosenberg hat hier einen universellen Zugang, indem er davon ausgeht, dass jeder Mensch dieselben Bedürfnisse hat, sie eben nur anders auslebt. Um herauszufinden, welche Bedürfnisse in bestimmten Situationen von einem Menschen erfüllt oder nicht erfüllt werden, hat er die vier Schritte entwickelt. Sie setzen sich aus der Beobachtung, des Gefühls, des Bedürfnisses und der Bitte zusammen. In der Beobachtung geht es nur darum, zu sehen, was ist, ohne zu bewerten. Im Gefühl geht es nur darum, was für angenehme oder unangenehme Gefühle das Gesehene in uns auslöst. Im weiteren Schritt findet man heraus, welche Bedürfnisse erfüllt oder nicht erfüllt werden. Im letzten Schritt formuliert man entweder eine Bitte an sich selbst oder an sein Gegenüber. Im nächsten Kapitel werde ich praktisch die ersten vier Suren nach der gewaltfreien Methode analysieren. Dabei gehe ich systematisch vor, indem ich zuerst die Koranverse lese, sie mit den Asbāb an-Nuzūl von al-Wāhidī vergleiche und sie berücksichtige und nur jene Verse aufschlüssele, die im weiteren Verlauf für etwaige Unterrichtsentwürfe relevant wären.

5 Aufschlüsseln der koranischen Suren 1-4 Mithilfe der Gewaltfreien Kommunikation

Da Koranverse oftmals schwer zu verstehen sind und es interessant wäre, in Hinblick auf die ersten vier Koranverse diese mithilfe der 4 Schritte der gewaltfreien Kommunikation zu entschlüsseln, möchte ich ein Experiment wagen. Berechtigterweise kommt die Frage auf, dass wenn die gewaltfreie Kommunikation von der Erfüllung der Bedürfnisse spricht, auch Gott Bedürfnisse haben muss? Weiters lässt sich die Frage nicht vermeiden, ob nun Gott so etwas wie bedürftig ist und unbedingt die Kommunikation mit uns Menschen braucht. Wenn also von der gewaltfreien Kommunikation ausgegangen wird, dann sind die Bedürfnisse,[87] die jemand hat, kein Mangel, sondern Geschenke, die unser Leben bereichern können. Da wir Menschen die Kommunikation dazu nutzen, um in Verbindung mit anderen Lebewesen zu treten, so brauchen wir auch die Worte, um mit Gott in Verbindung zu treten. Gott spricht mit uns in einer Weise, die wir als Menschen annehmen und rein sprachlich, geistig und emotional verstehen können.

Durch die Aufschlüsselung der koranischen Suren möchte ich herausfinden, was bei mir von den koranischen Zeilen ankommt, welche Gefühle in mir aktiviert und welche Bedürfnisse dadurch gestillt werden. Dabei bleibe ich als Subjekt bewertungsfrei, ob nun ein bestimmtes Bedürfnis/Gefühl gut oder schlecht ist. Diese Interpretation überlasse ich dem Leser. Vielmehr soll der Frage nachgegangen werden: Welchen Mehrwert gibt mir die Verbindung bzw. das Gespräch mit Gott in meinem Leben? Dahingehend geht auch meine Absicht, wenn von der theologischen Grundannahme ausgegangen wird, dass Gott dem Menschen alles zur Verfügung gestellt hat, damit dieser im Leben gut leben kann. Dementsprechend soll die Frage geklärt werden, welche Bedürfnisse Gott vom Menschen abverlangt, die erfüllt werden sollten, damit ein erfülltes und sinnvolles Leben geführt werden kann.

> „Die Spiritualität, die der GFK innewohnt, dient weniger der Verbindung mit dem Göttlichen, sondern entstammt vielmehr der göttlichen Energie, aus der wir erschaffen wurden – unserer natürlichen, lebensfördernden Energie. Sie ist ein lebendiger

---

87 Siehe Kapitel 4.3.

> Prozess, der uns mit unserem inneren Leben und mit dem Innenleben anderer Menschen verbindet."[88]

In Rosenbergs Seminaren kamen sehr häufig religiöse Menschen, die ihm mitteilten, dass die gewaltfreie Kommunikation eigentlich nichts Neues für sie darstelle, denn sie sei bereits Bestandteil der Religionen. Tatsächlich machte sich ein Psychologe an die Arbeit, Milton Rokeach, um die acht wichtigsten Weltreligionen auf ihre Spiritualität hin zu untersuchen und seine Ergebnisse ergaben, dass alle Religionen beim Thema des Mitgefühls gleichwertig waren. Was ihn jedoch überraschte war die Tatsache, als er religiöse Menschen mit nichtreligiösen Menschen verglich, die nichtreligiösen beim Thema Mitgefühl besser abschnitten als die religiöseren. Aber auch hier gab es einen kleinen aber feinen Unterschied, denn unter den religiösen Anhängern gab es jeweils eine kleinere Gruppe, die maßgeblich mitfühlender war als die größere religiöse und nicht religiöse Anhängerschaft.[89]

Die gewaltfreie Kommunikation ist demnach eine Kombination aus Sprache und Gedanke und möchte sich einem Ziel verschreiben: Die Qualität der Verbindung weitestgehend zu optimieren, damit mitfühlendes Geben erst stattfinden kann. Dahingehend soll auch die erste Sure al-Fatiha analysiert werden.

5.1 al-Fatiha (Die Eröffnung)

Im folgenden Unterkapitel wird die erste Sura im Koran al-Fatiha mithilfe der gewaltfreien Kommunikation aufgeschlüsselt. Es gilt in der ersten Spalte die Sura niederzuschreiben. In der zweiten Spalte werden die angenehmen und unangenehmen Gefühle aufgelistet, die auftreten. Darauffolgend werden in der dritten Spalte die erfüllten und unerfüllten Bedürfnisse aufgelistet. Da die Sura al-Fatiha aus nur insgesamt sieben Versen besteht, werden alle Verse analysiert. Mithilfe der gewaltfreien Kommunikation wird ersichtlich, welche Gefühle in einem Menschen geweckt werden können, wenn er sich den ersten Vers vergegenwärtigt. Ein Gefühl von Erwartung wird aktiviert und dadurch werden Bedürfnisse von Fürsorge und Orientierung erfüllt.

---

88 Rosenberg, Marshall B.: Die Sprache des Friedens sprechen. Paderborn: Junfermannsche Verlagsbuchhandlung 2006, S.17.

89 Vgl. Rosenberg, Marshall B.: Die Sprache des Friedens sprechen. Paderborn: Junfermannsche Verlagsbuchhandlung 2006, S.17.

al-Fatiha	Angenehme Gefühle	Unangenehme Gefühle	Erfüllte Bedürfnisse	Unerfüllte Bedürfnisse
1. Im Namen Gottes, des Allergnädigsten, des Gnadenspenders:	beeindruckt, energievoll, fasziniert, zuversichtlich, gespannt, optimistisch, hoffnungsvoll, begeistert, interessiert, motiviert, erwartungsvoll, neugierig,		Orientierung, Fürsorge, Fülle	
2. Aller Preis gebührt Gott allein, dem Erhalter aller Welten,	still, sicher, geborgen, gelöst, weit, zentriert,		Anerkennung	
3. dem Allergnädigsten, dem Gnadenspender,	kraftvoll, dankbar, zentriert, berührt, zuversichtlich, behaglich, voll Zärtlichkeit, sanft, mit Liebe erfüllt, friedlich, erfüllt, glücklich, gelöst, geborgen, sicher, weich, ruhig, wohlig, still, weit		Mitgefühl	
4. dem Herrn des Tages des Gerichts!	hoffnungsvoll, optimistisch, zuversichtlich, gespannt, konzentriert, engagiert, weit, zentriert, energievoll, neugierig, wach, aufmerksam, erwartungsvoll,	erschreckt, erstarrt, zittrig, mutlos, hilflos, erschöpft, ängstlich, alarmiert, ohne Schutz, einsam, verzweifelt, atemlos, deprimiert, voll Scham, unsicher, sauer, ohnmächtig, eng, abwesend, betrübt, ärgerlich, geschockt, aufgeregt, verwirrt, angespannt, panisch, voll Druck, besorgt, unruhig, nervös, resigniert,	Liebe, Naturgesetz, Wegweiser Vertrauen Authentizität Klarheit Anerkennung des Beitrags	Annahme Verbindung Gemeinschaft Nähe Sicherheit Schutz
5. Dich allein beten wir an; und zu Dir allein wenden wir uns um Hilfe.	klar, motiviert, aktiv, erfüllt, selig, erwartungsvoll, erlöst, sicher, geborgen, bewegt, zentriert, hoffnungsvoll, friedlich		Unterstützung Zugehörigkeit	

al-Fatiha	Angenehme Gefühle	Unangenehme Gefühle	Erfüllte Bedürfnisse	Unerfüllte Bedürfnisse
6. Leiten uns den geraden Weg -	weit, engagiert, klar, konzentriert, zuversichtlich, behaglich, heiter, hoffnungsvoll, mit Liebe erfüllt, fröhlich, optimistisch, beeindruckt, entspannt, zentriert, lebendig, dankbar, energievoll, frei, kraftvoll, froh, leicht, neugierig, wach, wohlig, strahlend, enthusiastisch, ruhig, erleichtert, sicher, aufmerksam, stolz, gelöst, mutig erwartungsvoll,		Orientierung	
7. den Weg jener, denen Du Deine Segnungen erteilt hast, nicht jener, die (von Dir) verdammt wurden, noch jener, die irregehen![90]	motiviert, mutig, erfüllt, aktiv, glücklich, stolz, sicher, erleichtert, strahlend, zufrieden, ruhig, wach, leicht, kraftvoll, dankbar, lebendig, zentriert, entspannt, optimistisch, fröhlich, mit Liebe erfüllt, hoffnungsvoll, friedlich, heil, zuversichtlich, engagiert, klar, locker, lustig, weit, berührt, munter	erstarrt, resigniert, empört, desinteressiert, neidisch, fassungslos, voll Angst, unruhig, taub, rasend, widerwillig, energisch, zornig, wütend, abwesend, eng, hasserfüllt, ungeduldig, voll Schmerz, sauer, betroffen, enttäuscht, eifersüchtig, einsam, hart, hilflos	Fürsorge. Schutz, Halt, Sicherheit Schutz, Wahlmöglichkeit, Freude, Sinn, Anerkennung des Beitrags, Verantwortung, Frieden, Selbstverwirklichung, das Leben bereichern, Ruhe, Kreativität, Liebe	Verbindung Gemeinschaft Schutz Geborgenheit

Tabelle 5: al-Fatiha bedürfnisorientiert aufgeschlüsselt[91]

[90] Asad, Muhammad: Die Botschaft des Koran. Ostfildern: Patmos Verlag 2011, S. 25.

[91] Alle angeführten koranischen Verse stammen aus: Asad, Muhammad: Die Botschaft des Koran. Ostfildern: Patmos Verlag 2011.

5.1.1 Erläuterung zur Tabelle 5:

(1) Der erste Vers löst soweit keine unangenehmen Gefühle, sondern durchwegs nur angenehme Gefühle aus, die den Menschen neugierig und optimistisch werden lassen, da Bedürfnisse von Orientierung, Fürsorge und Fülle gestillt werden.

(2) Der zweite Vers stillt die Bedürfnisse nach Anerkennung einer höheren Autorität des Menschen, die Gott darstellt. Dadurch kann sich der Mensch still, sicher geborgen und vor allem zentriert fühlen.

(3) Der dritte der Vers stillt das Bedürfnis des Menschen nach Mitgefühl, welches ihn im Wesentlichen kraftvoll, dankbar, sanft und friedlich stimmen lässt.

(4) Der vierte Vers ist ein polarisierender Vers, der auf der einen Seite die Bedürfnisse von Liebe, Klarheit und Authentizität erfüllt und somit die Gefühle von Neugier, Energie und Konzentration auslösen kann. Auf der anderen Seite werden Bedürfnisse des Schutzes, Sicherheit, Nähe und Gemeinschaft nicht erfüllt, die von Erstarrtheit, Scham, Druck und Nervosität durchzogen werden.

(5) Der fünfte Vers erfüllt die menschlichen Bedürfnisse von Unterstützung und Zugehörigkeit, die den Menschen motivieren, sicher, geborgen, aktiv und klar fühlen lassen.

(6) Der sechste Vers zeigt die Orientierung der Menschen auf, die sich entspannt, zentriert, stolz, mutig und erwartungsvoll fühlen.

(5) Auch der siebente Vers ist ein polarisierender, da er einerseits die Bedürfnisse von Fürsorge, Schutz, Halt, Wahlmöglichkeit, Ruhe und Liebe erfüllt. Gefühle wie Mut, Motivation, Dankbarkeit, Leben, Engagement werden aktiviert. Andererseits werden Bedürfnisse wie Verbindung, Gemeinschaft, Schutz und Geborgenheit nicht erfüllt und lösen Gefühle wie Resignation, Empörung, Desinteresse, Taubheit, Eifersucht u.v.a. aus.

Aus dem angeführten ist schlussfolgernd zu entnehmen, dass die Sura al-Fatiha einen wesentlichen Beitrag leisten kann, Orientierung und Schutz zu gewährleisten, wodurch angenehme Gefühle wie Geborgenheit, Sicherheit und Zentriertheit ausgelöst werden können.

5.2 al-Baqara (Die Kuh)

al-Baqara ist eine medinensische Sura, die von gottesbewussten Menschen handelt. Allgemein betrachten die ersten Verse der Sura al-Baqara die Neigung der Menschen zum Selbstbetrug, wenn sie sich innerlich nicht zu einer Botschaft beziehen, doch sie äußerlich kundtun, wie im Falle der Medinenser zur Zeit der Propheten Muhammed a.s.. Alī ibn Ahmad al-Wāhidī schreibt in seinem Tafsir, dass die Verse bezüglich Abu Jahl und noch weiteren sechs Leuten aus der Verwandtschaft des Propheten Muhammed a.s. zuzuschreiben sind.[92] Auch wenn die Verse 2-20 für die damaligen Gegebenheiten offenbart worden sind, so haben sie eine universale und zeitlose Bedeutung, die für alle Menschen Gültigkeit haben kann. Demnach soll der Mensch nach der Wahrheit trachten. Wenn er dies nicht schafft und die Wahrheit leugnet, gibt Gott als Antwort auf die Leugnung, dass deren Herzen versiegeln und infolgedessen die Augen die Wahrheit nicht mehr wahrnehmen können.[93] Der Mensch hat einen freien Willen bekommen, wodurch er ganz klar entscheiden kann, wozu sich sein Herz bindet. Ganz klar ersichtlich ist aus den ersten Versen der Sura der Aufruf von Gott, sich spirituell mit Gott zu verbinden und nicht der Augendienerei Zugang zu gewähren.

> Die Geistesmänner (arbab al-qulub) wissen durch die Erleuchtung des Glaubens und das Licht des Qurans, dass es kein mittel [sic!] gibt, zur Seligkeit zu Gelangen, außer durch die Erkenntnis und den Dienst Allahs. Demnach sind die Menschen alle verloren außer den Erkennenden, und die Erkennenden sind alle verloren außer den Handelnden, und die Handelnden sind alle verloren außer denen mit reiner Absicht, und „die mit reiner Absicht sind in großer Gefahr"[94] Das Handeln ohne Intention ist also eitel Plage und die Intention ohne Lauterkeit ist Augendienerei (riya), der Heuchelei gleichwertig und mit Sünde gleichbedeutend.[95]

Die Sura al-Baqara behandelt fünf wesentliche Themen,[96] die ineinandergreifen, die hier kurz angeführt werden:

---

92 Vgl. Alī ibn Ahmad al-Wāhidī: Asbāb al-Nuzūl, S.1 f.

93 Vgl. Asad, Muhammad: Die Botschaft des Koran. Ostfildern: Patmos Verlag 2011, S. 30-31.

94 Vgl. In Gefahr nämlich, nicht bis ans Ende auszuharren.

95 al-Ghazālī: Über Intention, reine Absicht und Wahrhaftigkeit. Das 37. Buch von Ghazalis Hauptwerk, übersetzt von Hans Bauer. Halle 1916, S. 2.

96 Vgl. Asad, Muhammad: Die Botschaft des Koran. Ostfildern: Patmos Verlag 2011, S. 27.

1. Gott ist der in Sich-Seiende.

2. Gottes Existenz wird von allen Propheten wiederholt.

3. Der Glaube an Gott ist dem Menschen intellektuell zugänglich und der Glaube an Gott ist durch ein rechtschaffenes Leben vernetzt und davon abhängig.

4. Der körperliche Tod ist nicht das Ende, sondern der Beginn der Auferstehung und des Gerichtes. Die menschliche Seele lebt weiterhin.

5. Jeder Mensch wird am Tage des Gerichtes für sein Leben zur Verantwortung gezogen.[97]

Im Rahmen der Arbeit wurden infolgedessen nur Verse mithilfe der gewaltfreien Kommunikation aufgeschlüsselt, die folgende Themen behandeln:

1. Der Glaube an Gott ist dem Intellekt des Menschen zugänglich, doch dafür muss der Mensch ein rechtschaffenes Leben führen, damit die Existenz Gottes durch den Intellekt wahrnehmbar sein kann.

2. Nach dem körperlichen Tod folgt die Auferstehung und der Mensch wird für all sein Handeln auf Erden zur Verantwortung gezogen, doch all diejenigen, die ein rechtschaffenes Leben geführt haben, brauchen sich davor weder zu fürchten noch in ihrem Leben bekümmert sein.[98]

Die 47 Verse aus der Sura al-Baqara, die für die 2 großen Themenbereiche herangezogen worden sind, um sie in bedürfnisorientierter Sprache zu übersetzen sind: (2-20), (26-27), (38-39), (112), (115), (152-153), (155-157), (161-162), (171), (177), (186), (204-209), (256-257), (263-264), (286). Dabei wurde Verse, die polarisierend wirken und Verse, die klarer in ihrem Verständnis sind, unterteilt. Daraus lässt sich klar herauskristallisieren, dass die Verse (10), (11), (39), (155), (161), (162), (171), (205), (206), (264), (286) polarisierend wirken und daher auf der einen Seite Bedürfnisse erfüllen können, aber auch Bedürfnisse nicht erfüllen.

Verse, die ganz klar nur Bedürfnisse erfüllen, sind folgende: (1-20), (26), (27), (38), (112), (115), (152), (153), (157), (177), (186), (204), (207), (208), (209), (256), (257), (263).

---

[97] Ebd. S.27 f.

[98] Vgl. Asad, Muhammad: Die Botschaft des Koran. Ostfildern: Patmos Verlag 2011, S. 27.

Historisch gebundene Verse, die von den Auseinandersetzungen mit den Juden in Medina handeln, wurden nicht analysiert, da sie den Rahmen dieser Arbeit deutlich sprengen würden.

Sura al-Baqara	Angenehme Gefühle	Unangenehme Gefühle	Erfüllte Bedürfnisse	Unerfüllte Bedürfnisse
1. Alif. Lam. Mim.				
2. Diese göttliche Schrift – keinen Zweifel soll es darüber geben – ist (dazu bestimmt) eine Rechtleitung für alle Gottesbewußten (zu sein)	engagiert, konzentriert, gespannt, zuversichtlich, hoffnungsvoll, entspannt, zentriert, optimistisch, fröhlich, leicht, wach, neugierig, ruhig, zufrieden, bewegt, erleichtert, aufmerksam, erlöst, weit, klar,		Sicherheit (emotional), Echtheit, Aufrichtigkeit Hilfe-Unterstützung, Ordnung- Struktur/ Klarheit (spirituelle Verbundenheit)	
3. die an (die Existenz dessen) glauben, was jenseits der Reichweite der menschlichen Wahrnehmung ist, und als Versorgung bereiten;	stolz, sicher, aufmerksam, geborgen, ruhig, kraftvoll, begeistert, optimistisch, dankbar, fasziniert, beeindruckt, zentriert, zuversichtlich		Vertrauen, Verstehen Verbindung Gesehen werden/wahrgenommen werden: Dankbarkeit	
4. und die an das glauben, was dir (o Prophet) von droben erteilt worden ist, wie auch an das, was vor deiner Zeit erteilt wurde: denn es sind sie, die in ihrem Inneren des kommenden Lebens gewiß sind!	Mutig, gelassen, klar, weit, erfüllt, zuversichtlich, friedlich, hoffnungsvoll, zentriert, ruhig, geborgen, sicher		Bedürfnis: Akzeptanz Vertrauen	
5. Es sind sie, die der Rechtleitung (die) von ihrem Erhalter (kommt,) folgen; und es sind sie, sie, die einen glückseligen Zustand erlangen werden!	Stolz, motiviert, mutig, sicher, zuversichtlich, frei, optimistisch, erwartungsvoll		Bedürfnis: Hilfe-Unterstützung, Ordnung- Struktur/Klarheit (spirituelle Verbundenheit) Selbstver-wirklichung	

Sura al-Baqara	Angenehme Gefühle	Unangenehme Gefühle	Erfüllte Bedürfnisse	Unerfüllte Bedürfnisse
6. SIEHE, was jene angeht, die darauf aus sind, die Wahrheit zu leugnen – es ist gleich für sie, ob du sie warnst oder nicht: sie wollen nicht glauben.	Inspiriert, zentriert, konzentriert, wach, sicher, aufmerksam, klar		Bedürfnis: Wahlmöglichkeit, Fürsorgesich nicht in den anderen verlieren. Ressourcen schützen.	
7. Gott hat ihre Herzen und ihr Ohr versiegelt, und über ihre Augen ist ein Schleier; und schreckliches Leiden erwartet sie.	Klar, konzentriert, zentriert	Zittrig, panisch, neidisch, eng, ängstlich, alarmiert, ohne Schutz, passiv, eifersüchtig, betroffen, ungeduldig, voll, Druck, resigniert	Bedürfnis: Allmacht und Verbindung.	
8. Und es gibt Leute, die sagen: „Wir glauben an Gott und an den Letzten Tag", indessen sie nicht (wirklich) glauben.	Wachsam, klar, zentriert, konzentriert		Authentizität, Echtheit	
9. Sie möchten Gott und diejenigen, die Glauben erlangt haben, betrügenindessen sie keinen außer sich selbst betrügen, und sie nehmen es nicht wahr.	Wachsam, klar, zentriert, konzentriert, gelassen, erstaunt, gespannt		Bedürfnis: Authentizität, Echtheit	

Sura al-Baqara	Angenehme Gefühle	Unangenehme Gefühle	Erfüllte Bedürfnisse	Unerfüllte Bedürfnisse
10. In ihren Herzen ist Krankheit, und so läßt Gott ihre Krankheit zunehmen; und schmerzliches Leiden erwartet sie wegen ihres beharrlichen Lügens.	Klar, konzentriert, zentriert	Zittrig, ängstlich, alarmiert, ohne Schutz, eifersüchtig, betroffen, ungeduldig, eng, panisch, voll Druck, neidisch, passiv, resigniert	Gottes Allmacht – gesehen werden, Verbindung, Authentizität, Verantwortung	
11. Und wenn ihnen gesagt wird: „Verbreitet nicht Verderbnis auf Erden", antworten sie: „Wir verbessern nur!"	Klar, konzentriert, zentriert	empört	Bedürfnis: aufrichtige Präsenz	
12. Oh, wahrlich, es sind sie, sie, die Verderbnis verbreiten – aber sie nehmen es nicht wahr!"	Klar, konzentriert, zentriert		Wahrgenommen werden, Präsenz	
13. Und wenn ihnen gesagt wird: „Glaubt, wie andere Leute glauben", antworten sie: „Sollen wir glauben, wie die Schwachsinnigen glauben?" Oh, wahrlich, es sind sie, die schwachsinnig sind – aber sie wissen es nicht!	Klar, konzentriert, zentriert		Wahrgenommen werden, Präsenz	

Sura al-Baqara	Angenehme Gefühle	Unangenehme Gefühle	Erfüllte Bedürfnisse	Unerfüllte Bedürfnisse
14. Und wenn sie jenen begegnen, die Glauben erlangt haben, versichern sie: „Wir glauben (wie ihr glaubt)"; aber wenn sie sich allein mit ihren üblen Antrieben befinden, sagen sie: „Wahrlich, wir sind mit euch; wir haben nur gespottet!"	Klar, konzentriert, zentriert		aufrichtige Präsenz, Authentizität	
15. Gott wird ihnen ihren Spott vergelten und wird sie für eine Weile in ihrem anmaßenden Hochmut belassen, blind und hin und her stolpernd:	Klar, konzentriert, zentriert, mutig, stolz		Gottes Allmacht, Orientierung	
16. (denn) es sind sie, die Irrtum im Austausch gegen Rechtleitung angenommen haben; und weder hat ihr Handel ihnen Gewinn gebracht noch haben sie (anderweitig) Rechtleitung gefunden.	Klar, konzentriert, zentriert, gelassen		Zentriertheit (spirituelle Verbundenheit) Geborgenheit Zugehörigkeit Klarheit Verantwortung	
17. Ihr Gleichnis ist das von Leuten, die ein Feuer anzünden: aber sobald es alles um sie herum erleuchtet hat, nimmt Gott ihr Licht weg und läßt sie in tiefster Finsternis, in der sie nicht sehen können:	Klar, konzentriert, zentriert, gelassen		Verantwortung Wahlmöglichkeit Autonomie	
18. taub, stumm, blind – und sie können nicht umkehren.	Klar, konzentriert, zentriert, gelassen		Orientierung Sinn	

Sura al-Baqara	Angenehme Gefühle	Unangenehme Gefühle	Erfüllte Bedürfnisse	Unerfüllte Be-dürfnisse
19. Oder (das Gleichnis) eines gewaltigen Wolkenbruchs am Himmel, mit tiefster Finsternis, Donner und Blitz: sie stecken ihre Finger in ihre Ohren, um die Donnerschläge nicht zu hören, in Todesangst; doch Gott umschließt (mit Seiner Macht) alle, welche die Wahrheit leugnen.	Klar, konzentriert, zentriert		Orientierung	
20. Der Blitz nimmt ihnen fast ihr Augenlicht; wann immer er ihnen Licht gibt, gehen sie voran, und wann immer Finsternis über sie hereinbricht, stehen sie still. Und wenn Gott es so wollte, könnte Er fürwahr ihr Gehör und ihr Augenlicht wegnehmen: denn, wahrlich, Gott hat die Macht, alles zu wollen.[99]	Klar, konzentriert, zentriert		Weiterent-wicklung, Selbst-verwirklichung, Gottes Allmacht	
26. Siehe, Gott verschmäht nicht, ein Gleichnis von einer Mücke vorzulegen oder von etwas (noch) geringerem als das. Was nun jene angeht, die Glauben erlangt haben, sie wissen, daß es die Wahrheit von ihrem Erhalter ist – während jene, die auf das Leugnen der Wahrheit aus sind, sagen: „Was	Klar, konzentriert, zentriert, gelassen, mutig,		Machtvoll, Wahl-möglichkeit, Eigenver-ant-wortung	

---

[99] Asad, Muhammad: Die Botschaft des Koran. Ostfildern: Patmos Verlag 2011, S. 28-31.

Sura al-Baqara	Angenehme Gefühle	Unangenehme Gefühle	Erfüllte Bedürfnisse	Unerfüllte Bedürfnisse
könnte (euer) Gott mit diesem Gleichnis meinen?" Auf diese Weise läßt Er viele irregehen, geradeso wie Er viele rechtleitet: aber keinen läßt Er dadurch irregehen außer den Frevlern				
27. die ihre Verbundenheit mit Gott brechen, nachdem sie (in ihrer Natur) errichtet wurde, und auseinanderschneiden, was Gott zu verbinden geboten hat, und Verderbnis auf Erden verbreiten: Diese sind es, welche die Verlierer sein werden.[100]	Klar, konzentriert, zentriert, gelassen, mutig,		Verbindung	
38. (Denn obwohl) Wir sagten: „Hinunter mit euch allen von diesem (Zustand)", wird dennoch ganz gewiß Rechtleitung von Mir zu euch kommen: und jene, die Meiner Rechtleitung folgen, brauchen keine Furcht zu haben, noch sollen sie bekümmert sein;	Klar, konzentriert, zentriert, gelassen, mutig, gelassen, motiviert, zuversichtlich, friedlich, erlöst, optimistisch, dankbar		Sicherheit, Orientierung, Vertrauen, Liebe/Verbindung!	

[100] Asad, Muhammad: Die Botschaft des Koran. Ostfildern: Patmos Verlag 2011, S. 33.

Sura al-Baqara	Angenehme Gefühle	Unangenehme Gefühle	Erfüllte Bedürfnisse	Unerfüllte Bedürfnisse
39. aber jene, die darauf aus sind, die Wahrheit zu leugnen und Unsere Botschaften der Lüge zu zeihen – sie sind für das Feuer bestimmt, und darin werden sie verbleiben.[101]	Klar, konzentriert, zentriert	Zittrig, ängstlich, alarmiert, ohne Schutz, eifersüchtig, betroffen, ungeduldig, eng, panisch, voll Druck, neidisch, passiv, resigniert	Aufrichtigkeit, Authentizität, Eigenverantwortung	
112. Ja, führwahr: jeder, der sein ganzes Wesen Gott ergibt und überdies Gutes tut, wird seinen Lohn bei seinem Erhalter haben; und alle solche brauchen keine Furcht zu haben, noch sollen sie bekümmert sein.[102]	Klar, konzentriert, zentriert, gelassen, mutig, erlöst, gelassen, motiviert, zuversichtlich, friedlich, optimistisch, dankbar		Sicherheit, Orientierung, Vertrauen, Liebe/Verbind-ung!	
115. Und Gottes ist der Osten und der Westen: und wohin immer ihr euch wendet, dort ist Gottes Antlitz. Siehe, Gott ist unendlich, allwissend.[103]	Klar, konzentriert, zentriert, gelassen		Zentriertheit, Ordnung, Struktur/Klarheit (Spirituelle Verbundenheit) Wahlmöglichkeit (Autonomie) Zugehörigkeit	

---

[101] Asad, Muhammad: Die Botschaft des Koran. Ostfildern: Patmos Verlag 2011, S. 36.

[102] Ebd. S. 52.

[103] Ebd. S. 54.

Sura al-Baqara	Angenehme Gefühle	Unangenehme Gefühle	Erfüllte Bedürfnisse	Unerfüllte Bedürfnisse
152. so gedenkt Meiner, und Ich werde euer gedenken; und seid Mir dankbar und leugnet Mich nicht. [104]	Klar, konzentriert, zentriert		Sicherheit, Präsenz, Vertrauen, (Interdependenz)	
153. O Ihr, die ihr Glauben erlangt habt! Sucht Hilfe in standhafter Geduld und im Gebet: denn, siehe, Gott ist mit jenen, die geduldig in Widrigkeit sind.	Klar, konzentriert, zentriert, gelassen, sicher, geborgen		Sicherheit, Präsenz, Vertrauen, (Interdependenz)	
155. Und ganz gewiß werden Wir euch prüfen, mittels Gefahr und Hunger und Verlust von weltlichen Gütern und Leben und Früchten (der Arbeit). Aber gib jenen frohe Kunde, die geduldig in Widrigkeit sind-	Klar, konzentriert, zentriert, gelassen, motiviert, lebendig, wach, gelöst	Zittrig, ängstlich, alarmiert, ohne Schutz, eifersüchtig, betroffen, ungeduldig, eng, panisch, voll Druck, neidisch, passiv, resigniert	Sicherheit, Präsenz, Vertrauen, (Interdependenz)	
156. die, wenn Unheil sie trifft, sagen: „Wahrlich, Gott gehören wir, und, wahrlich, zu Ihm werden wir zurückkehren."[105]	Klar, konzentriert, zentriert, gelassen, motiviert, lebendig, wach, gelöst		Sicherheit, Präsenz, Vertrauen	

---

[104] Asad, Muhammad: Die Botschaft des Koran. Ostfildern: Patmos Verlag 2011, S. 63.
[105] Ebd. S. 63.

Sura al-Baqara	Angenehme Gefühle	Unangenehme Gefühle	Erfüllte Bedürfnisse	Unerfüllte Bedürfnisse
157. Es sind sie, welche die Segnungen und Gnade ihres Erhalters erteilt werden, und es sind sie, sie, die auf den rechten Pfad sind.[106]	Klar, dankbar, konzentriert, zentriert, gelassen, motiviert, lebendig, wach, gelöst, zuversichtlich		Sicherheit, Präsenz, Vertrauen Orientierung, Klarheit	
161. Siehe, was jene angeht, die darauf aus sind, die Wahrheit zu leugnen, und als Leugner der Wahrheit sterbenihnen gebührt Verwerfung durch Gott und durch die Engel und durch alle (rechtschaffenen) Menschen.	Klar, konzentriert, zentriert	Zittrig, ängstlich, alarmiert, ohne Schutz, eifersüchtig, betroffen, ungeduldig, eng, panisch, voll Druck, neidisch, passiv, resigniert	Geborgenheit Zentriertheit, Ordnung, (Spirituelle Verbundenheit) Wahlmöglichkeit	Teilhabe, integriert sein, Verbindung
162. In diesem Zustand sollen sie verbleiben; (und weder wird ihr Leiden erleichtert werden, noch wird ihnen Aufschub gewährt werden. [107]	Klar, konzentriert, zentriert	Zittrig, ängstlich, alarmiert, ohne Schutz, eifersüchtig, betroffen, ungeduldig, eng, panisch, voll Druck, neidisch, passiv, resigniert	Geborgenheit (Interdepen-denz) Zentriertheit, Ordnung, (Spirituelle Verbundenheit Wahlmöglichkeit (Autonomie)	Teilhabe, integriert sein, Verbindung Schutz

---

[106] Asad, Muhammad: Die Botschaft des Koran. Ostfildern: Patmos Verlag 2011, S. 64.

[107] Ebd. S. 65.

Sura al-Baqara	Angenehme Gefühle	Unangenehme Gefühle	Erfüllte Bedürfnisse	Unerfüllte Be-dürfnisse
171. Und so ist das Gleichnis jener, die darauf aus sind, die Wahrheit zu leugnen, das des Tieres, das den Ruf des Schafhirten hört und darin nichts anderes hört als den Klang einer Stimme und einen Ruf. Taub sind sie und stumm und blind: denn sie gebrauchen nicht ihren Verstand.[108]	Klar, konzentriert, zentriert	Zittrig, ängstlich, alarmiert, ohne Schutz, eifersüchtig, betroffen, ungeduldig, eng, panisch, voll Druck, neidisch, passiv, resigniert	Geborgenheit (Interde-pen-denz) Zentriertheit, Ordnung, (Spirituelle Verbundenheit) Wahlmöglichkeit (Autonomie)	Teilhabe, integriert sein, Verbindung Schutz
177. Wahre Frömmigkeit besteht nicht darin, daß ihr eure Gesichter nach Osten oder Westen wendet – sondern wahrhaft fromm ist, wer an Gott glaubt und den Letzten Tag und die Engel und Offenbarung, und die Propheten; und sein Vermögen ausgibt –	Klar, erfüllt, konzentriert, zentriert, entspannt, mit Liebe inspiriert, optimistisch, aufmerksam, stolz, mutig, motiviert, still, friedlich		Teilhabe, integriert sein, Verbindung, Schutz Geborgenheit Zentriertheit, Ordnung, (Spirituelle Verbundenheit) Selbstachtung	
– wie sehr er selbst es auch wertschätzen mag – für seine nahen Verwandten und die Waisen und die Bedürftigen und den Reisenden und die Bettler und für das Befreien von Menschen aus Knechtschaft; und beständig das Gebet verrichtet und die rei-				

---

[108] Asad, Muhammad: Die Botschaft des Koran. Ostfildern: Patmos Verlag 2011, S. 67.

Sura al-Baqara	Angenehme Gefühle	Unangenehme Gefühle	Erfüllte Bedürfnisse	Unerfüllte Bedürfnisse
nigen-den Abgaben entrichtet; und (wahrhaft fromm sind) diejenigen, die ihre Ver-sprechen halten, wann immer sie etwas versprechen, und geduldig im Mißgeschick sind und in Härte und in Zeiten der Gefahr: es sind sie, die sich als wahrhaft erwiesen haben, und es sind sie, sie die sich Gottes bewußt sind.[109]				
186. Und wenn meine Diener dich nach Mir fragen – siehe, ich bin nahe; Ich erhöre den Ruf dessen, der ruft, wann immer er zu Mir ruft: so sollen sie denn auf Mich hören und an Mich glauben, auf daß sie dem rechten Weg folgen mögen.[110]	Klar, konzentriertzentriert, entspannt, mit Liebe erfüllt, inspiriert, optimistisch, aufmerksamstolz, mutig, motiviert, still, friedlich		Teilhabe, integriert sein, Verbindung, Schutz, Geborgenheit Zentriertheit, Ordnung, (Spirituelle Verbundenheit)	
204. Nun gibt es eine Art Menschen, dessen Ansichten über das Leben dieser Welt dir sehr gefallen mögen, und (um so mehr als) er Gott als Zeugen angeführt für das, was in seinem Herzen ist, und überdies außerordentlich geschickt im Streit ist,.	konzentriert		Zentriertheit	

---

[109] Asad, Muhammad: Die Botschaft des Koran. Ostfildern: Patmos Verlag 2011, S. 68-69.

[110] Ebd. S. 72

Sura al-Baqara	Angenehme Gefühle	Unangenehme Gefühle	Erfüllte Bedürfnisse	Unerfüllte Bedürfnisse
205. Aber immer, wenn er obsiegt, geht er auf der Erde umher und verbreitet Verderbnis und vernichtet (des Menschen) Ackerland und Nach-kommen-schaft: und Gott liebt nicht die Verderbnis.	Konzentriert, wach, erstaunt, verdutzt,	empört	Zentriertheit, Klarheit	Das Leben bereichern (Interdependenz)
206. Und immer, wenn ihm gesagt wird: „Sei dir Gottes bewußt", treibt in sein falscher Stolz zur Sünde. Weshalb die Hölle sein zugeteilter Anteil sein wird, und was für eine schlimme Ruhestatt!	Klar, konzentriert, wach	empört	Klarheit	Zugehörigkeit
207. Aber es gibt (auch) eine Art Mensch, der willig sich selbst verkaufen würde, um Gott wohlzugefallen: und Gott ist höchst mitfühlend gegen seine Diener.[111]	Klar, konzentriert, zentriert, entspannt, mit Liebe erfüllt, inspiriert, optimistisch, aufmerksam, stolz, mutig, motiviert, still, friedlich		Teilhabe, integriert sein, Verbindung Schutz Geborgenheit Zentriertheit, Ordnung, (Spirituelle Verbundenheit)	
208. O ihr, die ihr Glauben erlangt habt! Ergebt euch völlig Gott, und folgt nicht den Fußstapfen Satans, denn, wahrlich, er ist euer offener Feind.	Klar, konzentriert, zentriert, aufmerksam, stolz, mutig, motiviert, friedlich		Teilhabe, integriert sein, Verbindung Schutz Geborgenheit Zentriertheit, Ordnung, (Spirituelle Verbundenheit)	

[111] Asad, Muhammad: Die Botschaft des Koran. Ostfildern: Patmos Verlag 2011, S. 78-79.

Sura al-Baqara	Angenehme Gefühle	Unangenehme Gefühle	Erfüllte Bedürfnisse	Unerfüllte Be-dürfnisse
209. Und wenn ihr stolpern solltet, nachdem aller Beweis der Wahrheit zu euch gekommen ist, dann wisst, dass wahrlich Gott allmächtig, weise ist.[112]	Klar, konzentriert, zentriert, entspannt, mit Liebe erfüllt, inspiriert, optimistisch, aufmerksam, stolz, mutig, motiviert, still, friedlich		Teilhabe, integriert sein, Verbindung Schutz Geborgenheit Zentriertheit, Ordnung, (Spirituelle Verbundenheit)	
256. Es soll keinen Zwang geben in Sachen des Glaubens. Deutlich unterschieden geworden ist nun der rechte Weg von (dem Weg des) Irrtum; wer darum die Mächte des Übels verwirft und an Gott glaubt, hat fürwahr eine höchst unfehlbare Stütze ergriffen, die niemals nachgibt: denn Gott ist allhörend, allwissend.	Klar, konzentriert, zentriert, entspannt, mit Liebe erfüllt, inspiriert, optimistisch, aufmerksam, stolz, mutig, motiviert, still, friedlich		Teilhabe, integriert sein, Verbindung Schutz Geborgenheit Zentriertheit, Ordnung, (Spirituelle Verbundenheit) Wahlmöglichkeit	
257. Gott ist denen nahe, die Glauben haben, nimmt sie heraus aus tiefer Finsternis ins Licht – während nahe denen, die darauf aus sind, die Wahrheit leugnen, die Mächte des Übels sind, die sie aus dem Licht entfernen in tiefe Finsternis: es sind sie, die für das Feuer bestimmt sind, darin zu verbleiben.[113]	Klar, konzentriert, zentriert, entspannt, mit Liebe erfüllt, inspiriert, optimistisch, aufmerksam, stolz, mutig, motiviert, still, friedlich, entspannt, gelassen, begeistert		Teilhabe, integriert sein, Verbindung Schutz Geborgenheit Zentriertheit, Ordnung, (Spirituelle Verbundenheit)	

[112] Asad, Muhammad: Die Botschaft des Koran. Ostfildern: Patmos Verlag 2011, S. 80.

[113] Asad, Muhammad: Die Botschaft des Koran. Ostfildern: Patmos Verlag 2011, S. 95.

Sura al-Baqara	Angenehme Gefühle	Unangenehme Gefühle	Erfüllte Bedürfnisse	Unerfüllte Be-dürfnisse
263. Ein gütiges Wort und das Verde-cken des Mangels eines anderen sind besser als eine milde Tat gefolgt von Verletzung; und Gott ist selbstgenü-gend, nachsichtig.	Klar, konzentriertzentriert, ent-spannt, mit Liebe erfüllt, inspi-riert, aufmerksammotiviert, still, friedlich		Teilhabe, integriert sein, Verbindung Schutz Ge-borgenheit Zentriertheit, Ordnung, Leichtigkeit, Schönheit (Spirituelle Verbundenheit)	
264. O ihr, die ihr Glauben erlangt habt! Beraubt nicht eure milden Taten allen Wertes durch Betonen eurer eigenen Wohltätig-keit und Verletzen (der Gefühle der Bedürftigen), wie derjenige es tut, der seinen Reich-tum nur ausgibt, um von den Menschen gesehen und gepriesen zu werden, und nicht an Gott und den Letzten Tag glaubt: denn sein Gleichnis ist das ei-nes glatten Felsens mit (ein wenig) Erde darauf – und dann trifft ihn ein Sturz-regen und läßt ihn hart und bloß. Solche wie diese werden keiner-lei Gewinn haben von allen ihre (gu-ten) Werken: denn Gott leitet Leute nicht recht, die sich weigern, die Wahrheit anzuerkennen.[114]	Klar, konzentriertzentriert, ent-spannt, mit Liebe erfüllt, inspi-riert, aufmerksammotiviert, still, friedlich	Zittrig, ängst-lich, alarmiert, ohne Schutz, eifersüchtig, betroffen, un-geduldig, eng, panisch, voll Druck, nei-disch, passiv, resigniert	Teilhabe, integriert sein, Verbindung Schutz Ge-borgenheit Zentriert-heit, Ordnung, Leichtig-keit, Schönheit (Spiritu-elle Verbundenheit) Selbstachtung, Selbst-wert	Zugehörigkeit

[114] Asad, Muhammad: Die Botschaft des Koran. Ostfildern: Patmos Verlag 2011, S. 97.

68

Sura al-Baqara	Angenehme Gefühle	Unangenehme Gefühle	Erfüllte Bedürfnisse	Unerfüllte Bedürfnisse
286. Gott belastet keinen Menschen mit mehr, als er gut zu tragen vermag; zu seinen Gunsten wird sein, was immer er Gutes er tut, und gegen ihn, was immer Übles er tut. O unser Erhalter! Ziehe und nicht eine solche Last auf, wie Du sie jenen auferlegt hast, die vor uns lebten! O unser Erhalter! Lasse uns nicht Lasten tragen, die wir zu tragen keine Kraft haben! Und tilge Du unsere Sünden, und gewähre und Vergebung, und erteile uns deine Barmherzigkeit! Du bist unser Höchster Herr: stehe uns denn bei gegen Leute, welche die Wahrheit leugnen!"[115]	Klar, konzentriert, zentriert, entspannt, mit Liebe erfüllt, inspiriert, aufmerksam, motiviert, still, friedlich, weit, erfüllt, gelassen, aufmerksam, engagiert	Zittrig, ängstlich, alarmiert, ohne Schutz, eifersüchtig, betroffen, ungeduldig, eng, panisch, voll Druck, neidisch, passiv, resigniert	Teilhabe, integriert sein, Verbindung Schutz Geborgenheit Zentriertheit, Ordnung, Leichtigkeit, Schönheit (Spirituelle Verbundenheit) Selbstachtung, Selbstwert	Zugehörigkeit

Tabelle 6: al-Baqara bedürfnisorientiert aufgeschlüsselt[116]

---

[115] Asad, Muhammad: Die Botschaft des Koran. Ostfildern: Patmos Verlag 2011, S. 103.

[116] Alle angeführten koranischen Verse stammen aus: Asad, Muhammad: Die Botschaft des Koran.

5.2.1 Erläuterung zur Tabelle 6:

(1-20) Die Verse 1-20 lösen angenehme Gefühle der Klarheit, Zentriertheit aus, die Bedürfnisse der Wahlmöglichkeit, Eigenverantwortlichkeit, Selbstverwirklichung, Orientierung, Zugehörigkeit, der Präsenz und des Vertrauens werden erfüllt.

(10) + (11) Die zwei Verse lösen unangenehme Gefühle wie Zittrigkeit, Angst, Alarmiertsein, Schutzlosigkeit, Eifersucht, Betroffenheit, Ungeduld, Enge, Panik, Druck, Neid, Passivität, Resignation aus, da Bedürfnisse der Aufrichtigkeit und Gelassenheit unerfüllt bleiben.

(26) Die Verse 1-20 lösen angenehme Gefühle der Klarheit und Zentriertheit aus, da Bedürfnisse der Wahlmöglichkeit, Eigenverantwortlichkeit, Selbstverwirklichung, Orientierung, Zugehörigkeit, da Bedürfnisse der Präsenz und des Vertrauens erfüllt werden.

(27) + (38) Die Verse 37+38 lösen angenehme Gefühle der Klarheit, Zentriertheit aus, da Bedürfnisse der Orientierung, Eigenverantwortlichkeit, Selbstverwirklichung, Zugehörigkeit, da Bedürfnisse der Präsenz und des Vertrauens erfüllt werden.

(39) Dieser Vers löst unangenehme Gefühle wie Zittrigkeit, Angst, Alarmiertsein, Schutzlosigkeit, Eifersucht, Betroffenheit, Ungeduld, Enge, Panik, Druck, Neid, Passivität, Resignation aus, da Bedürfnisse der Aufrichtigkeit, Authentizität und Eigenverantwortung unerfüllt bleiben.

(112) Der Vers löst angenehme Gefühle der Klarheit und Zentriertheit aus, da Bedürfnisse der Orientierung, Sicherheit, Verbundenheit da Bedürfnisse der Präsenz und des Vertrauens erfüllt werden.

(115) +(152) +(153) Die drei Verse lösen angenehme Gefühle wie Zentriertheit, Gelassenheit, Mut, Motivation, Zuversicht und Geborgenheit aus, da menschliche Bedürfnisse von Ordnung, Klarheit, Präsenz und Sicherheit erfüllt werden.

(155) Dieser Vers löst angenehme Gefühle wie Klar, konzentriert, zentriert, gelassen, motiviert, lebendig, wach, gelöst aus, da Bedürfnisse der Sicherheit und Präsenz erfüllt werden. Dieser Vers löst unangenehme Gefühle wie Zittrigkeit, Angst, Alarmiertsein, Schutzlosigkeit, Eifersucht, Betroffenheit, Ungeduld, Enge, Panik, Druck, Neid, Passivität, Resignation aus, da Bedürfnisse der Verbindung und Gelassenheit unerfüllt bleiben.

(156) Dieser Vers löst angenehme Gefühle wie Klarheit, Konzentration, Zentriertheit, Gelassenheit, Motivation, Lebendigkeit, Wachheit und Gelöstheit aus, da Bedürfnisse der Sicherheit und Präsenz erfüllt werden.

(157) Dieser Vers erfüllt die Bedürfnisse von Sicherheit, Präsenz, Orientierung und Klarheit und von daher werden Gefühle von Konzentriertheit, Gelassenheit, Dankbarkeit und Zuversicht ausgelöst.

(161) + (162) + (171) Die angeführten Verse sind polarisierende Verse, da sie auf der einen Seite die Bedürfnisse von Geborgenheit, Ordnung und Wahlmöglichkeit erfüllen und somit die Gefühle von Zentriertheit auslösen können, auf der anderen Seite werden Bedürfnisse der Teilhabe und Verbindung nicht erfüllt und daher die Gefühle von Ungeduld, Neid und Resignation ausgelöst.

(177) + (186) + (204) Die drei Verse lösen angenehme Gefühle wie Stolz, Zentriertheit, Gelassenheit, Mut, Motivation, Zuversicht und Geborgenheit aus, da menschliche Bedürfnisse von Ordnung, Klarheit, Präsenz und Sicherheit erfüllt werden.

(205) + (206) Die angeführten Verse sind polarisierende Verse, die auf der einen Seite Bedürfnisse von Klarheit und Zentriertheit erfüllen und dabei Gefühle wie Wachsein und Staunen erfüllen. Auf der anderen Seite werden Bedürfnisse wie das Leben zu bereichern und Zugehörigkeit nicht erfüllt und lösen Gefühle der Empörung aus.

(207) + (208) + (209) + (256) + (257) + (263) Die Verse lösen angenehme Gefühle wie Zentriertheit, Gelassenheit, Mut, Motivation, Zuversicht und Geborgenheit aus, da menschliche Bedürfnisse von Ordnung, Klarheit, Präsenz und Sicherheit erfüllt werden.

(264) + (286) Die zwei Verse lösen unangenehme Gefühle wie Zittrigkeit, Angst, Alarmiertsein, Schutzlosigkeit, Eifersucht, Betroffenheit, Ungeduld, Enge, Panik, Druck, Neid, Passivität, Resignation aus, da Bedürfnisse der Aufrichtigkeit und Gelassenheit unerfüllt bleiben. Auf der anderen Seite werden Bedürfnisse von Teilhabe, Schutz und Geborgenheit, Leichtigkeit und Ordnung erfüllt und Gefühle wie klar, konzentriert, mit Liebe erfüllt, weit und gelassen ausgelöst.

5.3 Āl 'Imran (Das Haus von 'Imran)

Auch Al 'Imran ist eine medinensische Sura, die von den menschlichen Reaktionen auf die göttliche Offenbarung handelt. Hauptaugenmerk der Sura liegt auf den willkürlichen Interpretationen des göttlichen Wortes und auf esoterischen Behauptungen, da sie im Widerspruch zu der göttlichen Botschaft stehen. Als Beispiel der willkürlichen Interpretation wird die Vergöttlichung von Jesus erwähnt. Gottes Einzigartigkeit und die Abhängigkeit des Menschen Gott gegenüber wird in der ganzen Sura erwähnt und geschildert. Gott ruft den Menschen dazu auf, die Wahrheit über seine Existenz nicht zu leugnen und appelliert an den gläubigen Menschen, sich seine Umgebung verantwortlich und bewusst auszuwählen, da sie mitunter auf den Glaubensverfall des Menschen wirken könne. Hindurch scheint in der ganzen Sura der Anspruch Gottes und die Forderung an den Menschen authentisch zu sein. Der Mensch ist von Gott vollkommen abhängig und aus dieser Schwäche heraus ist der Mensch Versuchungen ausgesetzt, den Glauben an Gott nicht standhaft aushalten bzw. leben zu können. Das Thema, welches in der Sura Al 'Imran durchscheint, ist eben auch die Schlacht von Uhud, die nicht nur einerseits eine Niederlage auf dem Feld bedeutet, sondern auch die Eigenoffenbarung meint, wie weit es mit dem eigenen Glauben zu Gott steht und was es noch dazu braucht, damit eine stabile Gott-Mensch-Beziehung auch schwierige und schicksalhafte Erfahrungen standhält.[117]

Gott offenbart Verse durch den Propheten, die den Menschen zur Verfügung stehen, wohingegen sie sich entscheiden können, ob sie die gewonnene Wahrheit auch in Widrigkeit leben mögen. Diese kann man als authentische Menschen klassifizieren, die bewusst die Verbindung zu Gott suchen. Unauthentische Menschen wären demnach diejenigen, die Lügen über Gott verbreiten und sich dabei selbst verkaufen. Sie suchen keine Verbindung zu Gott und dies resultiert in Schmerz und Elend. Die Propheten dienen im ganzen System zur Gott-Mensch-Beziehung nur als Mediatoren, die vermitteln, den Mitmenschen stärken und sich ihrer eigentlichen Aufgabe - der Verkündigung des Wortes Gottes - widmen.

Bereits der Universalgelehrte al-Ghazālī schrieb auf eine sehr persönliche Weise, dass es viel einfacher sei, die Theorie der Religion zu verstehen, als die Praxis zu begreifen. Das eigentliche Lernen über Gott geschieht im Schmecken der eigenen

---

117 Vgl. Asad, Muhammad: Die Botschaft des Koran. Ostfildern: Patmos Verlag 2011, S. 104.

Seele und dahingehend wird man authentisch. Das heißt im übertragenen Sinne, dass ein Mensch großes religiöses Wissen in sich tragen kann, jedoch den Kern der Religion bzw. der Gott-Mensch-Beziehung nicht begriffen hat. Der Mensch wird auf dem Weg zur Wissenserlangung authentisch, nicht umgekehrt, denn erst in der Auseinandersetzung mit sich selbst versteht, begreift und verinnerlicht der Mensch das erworbene Wissen und kann sich erst entscheiden, ob er eine bewusste Beziehung zu Gott führen möchte. Diese Beziehung wird durch das seelische Erleben gefestigt oder geschwächt.

> „Es schien mir klar, daß man zu ihren spezifischen Eigenschaften nicht durch Studium, sondern nur durch Schmecken, (seelisches) Erleben und Verwandlung der Eigenschaften gelangen kann."[118]

---

[118] Al-Ghazālī, Abu-Hamid Muhammad: Der Erretter aus dem Irrtum. Hamburg: Felix Meiner Verlag GmbH 1988, S. 41.

Sura Al 'Imran	Angenehme Gefühle	Unangenehme Gefühle	Erfüllte Bedürfnisse	Unerfüllte Bedürfnisse
18. Gott (selbst) bietet Beweis dar – und (ebenso) die Engel und alle, die mit Wissen versehen sind -, daß es keine Gottheit gibt außer Ihm, dem Wahrer der Gerechtigkeit. Es gibt keine Gottheit außer Ihm, dem Allmächtigen, dem Wahrheit Weisen.	Zentriert, konzentriert, kraftvoll, mutig, aufmerksam, engagiert, erfüllt, erleichtert, erwartungsvoll, gelassen, sicher, friedlich, klar, selig, beeindruckt		Offenheit, Präsenz, Sicherheit, ZentriertheitOrdnung, Klarheit	
26. Sag: „O Gott, Herr aller Herr-schaft! Du gewährst Herrschaft, wem Du willst, und nimmst Herrschaft weg von wem Du willst; und Du erhöhst, wen Du willst, und erniedrigst, wen Du willst. In Deiner Hand ist alles Gute. Wahrlich, Du hast die Macht alles zu wollen. [119]	Zentriert, konzentriert, kraftvoll, mutig, aufmerksam, engagiert, erfüllt, erleichtert, erwartungsvoll, gelassen, sicher, friedlich, klar, selig, beeindruckt		Offenheit, Präsenz, Sicherheit, ZentriertheitOrdnung, Klarheit, Freiheit, Zugehörig-keit	
29. Sag: „Ob ihr verbergt, was in euren Herzen ist, oder es offenlegt, Gott weiß es. Denn Er weiß alles, was in den Himmeln ist, und alles, was auf Erden ist; und Gott hat die Macht alles zu wollen."[120]	Zentriert, konzentriert, kraftvoll, mutig, aufmerksam, engagiert, erfüllt, selig, erleichtert, erwartungsvoll, gelassen, klar, sicher, friedlich, beeindruckt		Offenheit, Präsenz, Sicherheit, ZentriertheitOrdnung, Klarheit, Freiheit, Zugehörig-keit, Liebe	

[119] Asad, Muhammad: Die Botschaft des Koran. Ostfildern: Patmos Verlag 2011, S. 110.

[120] Ebd. S. 111.

31. Sag (o Prophet): „Wenn ihr Gott liebt, folgt mir, (und) Gott wird euch lieben und eure Sünden vergeben; denn Gott ist vielvergebend, ein Gnadenspender."[121]	Zentriert, konzentriert, kraftvoll, mutig, aufmerksam, engagiert, erfüllt, erleichtert, erwartungsvoll, gelassen, sicher, friedlich, klar, selig, beeindruckt, zufrieden, hoffnungsvoll		Offenheit, Präsenz, Sicherheit, ZentriertheitOrdnung, Klarheit, Freiheit, ZugehörigkeitLiebe	
59. Wahrlich, in der Sicht Gottes ist die Natur von Jesus wie die Natur von Adam, den Er aus Staub erschaffen hat und zu dem Er dann sagte: „Sei!" – und er ist.[122]	Zentriert, konzentriert, kraftvoll,		Offenheit, Ordnung, Klarheit	
67. Abraham war weder ein „Jude" noch ein „Christ", sondern war einer, der sich von allem abwandte, was falsch ist, da er sich Gott ergeben hatte; und er war nicht von jenen, die etwas anderem neben Ihm Göttlichkeit zuschreiben.[123]	Zentriert, konzentriert, kraftvoll		Offenheit, Ordnung, Klarheit	
72. Und einige von den Anhängern früherer Offenbarungen sagen (zueinander): „Erklärt euren Glauben an das, was jenen, die (an Muhammad) glauben, am Beginn des Tages offenbart worden ist, und leugnet die Wahrheit dessen, was später kam, auf daß sie (von ihrem Glauben) zurücktreten mögen. [124]	Zentriert, konzentriert, kraftvoll	betroffen, ungeduldig, eng, panisch, voll Druck,	Offenheit, Ordnung, Klarheit	Freiheit

---

[121] Ebd. S. 111.

[122] Ebd. S. 118.

[123] Ebd. S. 119.

[124] Ebd. S. 120.

77. Siehe, jene, die ihre Verbundenheit mit Gott und ihre eigenen versprechen gegen einen belanglosen gewinn eintauschen .Sie werden nicht teilhaben an den Segnungen des kommenden Lebens; und Gott wird weder zu ihnen sprechen noch sie ansehen am Tag der Auferstehung, noch wird Er sie von ihren Sünden reinigen; und schmerzliches Leiden erwartet sie.[125]	Klar, konzentriert, zentriert	Zittrig, ängstlich, alarmiert, ohne Schutz, eifersüchtig, betroffen, ungeduldig, eng, panisch, voll Druck, neidisch, passiv, resigniert	Geborgenheit (Interdepen-denz) Zentriertheit, Ordnung, (Spirituelle Verbunden-heit) Wahlmöglich-keit (Autonomie)	Teilhabe, integriert sein, Verbindung (Interdependenz) Schutz
79. Es ist nicht vorstellbar, daß ein Mensch, dem Gott Offenbarung und gesundes Urteilsvermögen und Prophetentum gewährt hat, danach zu den Leuten gesagt haben sollte: „Betet mich an neben Gott"; sondern vielmehr (hat er sie ermahnt): „Werdet Männer Gottes durch Ver-breitung des Wissens von der göttlichen Schrift und durch euer eigenes (tiefes) Studium (davon)."[126]	Zentriert, konzentriert, kraftvoll		Offenheit, Ordnung, Klarheit	
86. Wie sollte Gott Seine Rechtleitung Leuten erteilen, die sich entschlossen haben, die Wahrheit zu leugnen, nachdem sie Glauben erlangt und bezeugt hatten, daß dieser Gesandte wahr ist, und (nachdem) sie Glauben erlangt und bezeugt hatten, daß dieser Gesandter wahr ist, und (nachdem) aller Beweis	Zentriert, konzentriert, kraftvoll	Empört, ängstlich, zittrig	Offenheit, Ordnung, Klarheit	Teilhabe, Gemeinschaft

---

[125] Ebd. S. 121.

[126] Ebd. S. 122.

der Wahrheit zu ihnen gekommen ist? Denn Gott leitet solch übeltuende Leute nicht recht.[127]				
90. Wahrlich, was jene angeht, die darauf aus sind, die Wahrheit zu leugnen, nachdem sie Glauben erlangt hatten, und dann (immer mehr an Starrköpfigkeit) wachsen in ihrer Weigerung, die Wahrheit anzuerkennen, ihre Reue (über andere Sünden) wird nicht angenommen werden: denn es sind sie, die wahrhaft irregegangen sind.[128]	Klar, konzentriert, zentriert	Zittrig, ängstlich, alarmiert, ohne Schutz, eifersüchtig, betroffen, ungeduldig, eng, panisch, voll Druck, neidisch, passiv, resigniert	Geborgenheit Zentriertheit, Ordnung, Wahlmöglich-keit, Autonomie	Teilhabe, integriert sein, Verbindung Schutz
102. O ihr, die Glauben erlangt habt! Seid euch Gottes bewußt mit all dem Bewußtsein, das Ihm gebührt, und erlaubt nicht dem Tod, euch zu ereilen, ehe ihr euch Ihm ergeben habt.[129]	Klar		Klarheit	
104. und daß aus euch eine Gemeinschaft (von Leuten) erwachsen möge, die einladen zu allem, was gut ist, und das Tun dessen gebieten, was recht ist, und das Tun dessen verbieten, was unrecht ist: und es sind sie,	Zentriert, konzentriert, kraftvoll, mutig, aufmerksam, engagiert, erfüllt, bewegt, erleichtert, erwartungsvoll, gelassen, sicher, friedlich, klar, selig, beeindruckt, le-		GeborgenheitZentriertheitOrdnung, (Spirituelle Verbunden-heit) Wahlmöglich-keit	

127 Ebd. S. 123.

128 Ebd. S. 123.

129 Ebd. S. 126.

sie, die einen glückseligen Zustand erlangen werden.[130]	bendig		(Autonomie)	
106. am Tag (des Gerichts) da manche Gesichter (vor Glückseligkeit) leuchten werden und manche finster (vor Kummer) sein werden. Und was jene mit verfinsterten Gesichtern angeht, (ihnen wird gesagt werden:) „Habt ihr die Wahrheit geleugnet, nachdem ihr Glauben erlangt hattet? Kostet denn dieses Leiden dafür, daß ihr die Wahrheit geleugnet habt!"[131]	Klar, konzentriertzentriert	Zittrig, ängstlich, alarmiert, ohne Schutz, eifersüchtig, betroffen, ungeduldig, eng, panisch, voll Druck, neidisch, passiv, resigniert	Geborgenheit,	
Zentriertheit, Ordnung, Wahlmöglich-keit (Autonomie)	Teilhabe, integriert sein, Verbindung, Schutz			
107. Aber was jene mit leuchtenden Gesichtern angeht, sie werden in Gottes Gnade sein, darin zu verbleiben.[132]	Zentriert, konzentriertkraftvoll, mutig, aufmerksamengagiert, erfüllt, selig, erleichtert, erwartungsvoll, gelassen, sicher, klar, friedlich, beeindruckt, bewegt, lebendig		Geborgenheit (Interdepen-denz) Zentriertheit, Ordnung, (Spirituelle Verbunden-heit)	

[130] Ebd. S. 126.
[131] Ebd. S. 126.
[132] Ebd. S. 127.

113. (Aber) sie sind nicht alle gleich: unter den Anhängern früherer Offenbarung gibt es aufrechte Leute, die Gottes Botschaften die Nacht hindurch rezitieren und sich (vor Ihm) niederwerfen.[133]	Klar		Klarheit	
114. sie glauben an Gott und den letzten Tag, und gebieten das Tun dessen, was recht ist, und verbieten das Tun dessen, was unrecht ist, und wetteifern miteinander im Tun guter Werke: und diese sind unter den Rechtschaffenen.	Zentriert, konzentriert, kraftvoll, mutig, aufmerksam, engagiert, erfüllt, bewegt, erleichtert, erwartungsvoll, gelassen, klar, sicher, friedlich, selig, lebendig, beeindruckt		Geborgenheit (Interdepen-denz) Zentriertheit, Ordnung, (Spirituelle Verbunden-heit)	
115. Und was immer Gutes sie tun, ihnen wird niemals der Lohn davon verweigert werden: denn Gott hat volles Wissen von jenen, die sich Seiner bewußt sind. [134]	Zentriert, klar, konzentriert, kraftvoll, mutig, aufmerksam, engagiert, selig, erfüllt, bewegt, erleichtert, erwartungsvoll, gelassen, sicher, friedlich, lebendig, beeindruckt		GeborgenheitZentriertheit, Ordnung, (Spirituelle Verbunden-heit)	
118. O ihr, die ihr Glauben erlangt habt! Nehmt nicht als eure Busenfreunde Leute, die nicht von eurer Art sind. Sie scheuen keine Mühe, euch zu verderben, sie würden euch liebend gern in Bedrückung sehen. Ungestümer Haß ist schon aus ihren Mündern offen herausgekommen, aber was ihre Herzen verbergen, ist noch schlimmer. Wir haben euch fürwahr die Zeichen (davon) klargemacht,	Klar, konzentriert, zentriert	Zittrig, ängstlich, alarmiert, ohne Schutz, eifersüchtig, betroffen, ungeduldig, eng, panisch, voll Druck, neidisch, passiv, resig-	Geborgenheit Zentriertheit, Ordnung, (Spirituelle Verbunden-heit) Wahlmöglich-keit (Autonomie)	Teilhabe, integriert sein, Verbindung (Interdependenz) Schutz

[133] Ebd. S. 128

[134] Ebd. S. 128.

wenn ihr doch nur euren Verstand gebrauchen wurdet.[135]		niert		
119. Siehe! Es seid ihr, die (bereit sind,) sie (zu) lieben, aber sie werden euch nicht lieben, obwohl ihr an die gesamte Offenbarung glaubt. Und wenn sie euch begegnen, versichern sie: „Wir glauben (wie ihr glaubt)"; aber wenn sie sich allein befinden, nagen sie an ihren Fingern aus Wut über euch. Sag: „Kommt um in eurer Wut! Siehe, Gott hat volles Wissen davon, was in den Herzen (der Menschen) ist!"[136]	Klar, konzentriertzentriert	Zittrig, ängstlich, alarmiert, ohne Schutz, eifersüchtig, betroffen, ungeduldig, eng, panisch, voll Druck, neidisch, passiv, resigniert	Geborgen-heit, ZentriertheitOrdnung, (Spirituelle Verbunden-heit) Wahlmöglich-keit (Autonomie)	Teilhabe, integriert sein, Verbindung (Interdependenz) Schutz
120. Wenn gutes Geschick zu euch kommt, bekümmert es sie; und wenn euch Übel trifft, erfreuen sie sich daran. Aber wenn ihr geduldig in Widrigkeit seid und euch Gottes bewußt seid, kann ihre Tücke euch überhaupt nicht schaden. Denn wahrlich, Gott umschließt (mit Seiner Macht) alles, was sie tun.[137]	Klar, konzentriertzentriert	Zittrig, ängstlich, alarmiert, ohne Schutz, eifersüchtig, betroffen, ungeduldig, eng, panisch, voll Druck, neidisch, passiv, resigniert	Geborgen-heit ZentriertheitOrdnung, (Spirituelle Verbunden-heit) Wahlmöglich-keit (Autonomie)	Teilhabe, integriert sein, Verbindung Schutz

[135] Ebd. S. 129.

[136] Ebd. S. 129.

[137] Ebd. S. 129.

196. Lasse dich nicht dadurch täuschen, daß jene, die darauf aus sind, die Wahrheit zu leugnen, fähig zu sein scheinen, auf Erden zu tun, wie es ihnen gefällt:	Klar		Klarheit	
197. es ist (nur) ein kurzer Genuß, der mit der Hölle danach als ihrem Ziel – und was für eine schlimme Ruhestatt! -	Klar, konzentriert,zentriert	Zittrig, ängstlich, alarmiert, ohne Schutz, eifersüchtig, betroffen, ungeduldig, eng, panisch, voll Druck, neidisch, passiv, resigniert	GeborgenheitZentriertheit, Ordnung, (Spirituelle Verbunden-heit) Wahlmöglich-keit (Autonomie)	Teilhabe, integriert sein, Verbindung, Schutz
198. während jene, die sich ihres Erhalters bewußt bleiben, Gärten haben werden, durch die Wasserläufe fließen, darin zu verbleiben: ein gastlicher Empfang von Gott. Und das, was bei Gott ist, ist am besten für die wahrhaft Tugendhaften.	Zentriert, konzentriertkraftvoll, mutig, klar, aufmerksamengagiert, erfüllt, selig, erleichtert, erwartungsvoll, gelassen, sicher, friedlich, beeindruckt, bewegt, lebendig		GeborgenheitZentriertheit, Ordnung, (Spirituelle Verbunden-heit)	
199. Und, siehe, unter den Anhängern früherer Offenbarung gibt es fürwahr solche, die (wahrhaft) an Gott glauben, und an das, was euch von droben erteilt worden ist. Ehrfurcht vor Gott habend, tauschen sie nicht Gottes Botschaften ein für ein belanglosen Gewinn. Sie werden ihren Lohn bei ihrem Erhalten haben – denn, siehe, Gott ist schnell im Abrechnen!	Klar		Klarheit	

200. O ihr, die ihr Glauben erlangt habt! Seid geduldig in Widrigkeit, und wetteifert in Geduld, und seid stets bereit (zu tun, was recht ist,) und bleibt euch Gottes bewußt, auf daß ihr einen glückseligen Zustand erlangen möget![138]	Zentriert, konzentriert, kraftvoll, mutig, aufmerksam, engagiert, erfüllt, erleichtert, erwartungsvoll, gelassen, sicher, friedlich, klar, selig, beeindruckt, bewegt, lebendig		Geborgen-heit, ZentriertheitOrdnung, (Spirituelle Verbunden-heit)

Tabelle 7: Āli'Imran bedürfnisorientiert aufgeschlüsselt[139]

---

[138] Ebd. S. 145.

[139] Alle angeführten koranischen Verse stammen aus: Asad, Muhammad: Die Botschaft des Koran.

5.3.1 Erläuterung zur Tabelle 7:

Die Verse (18) + (26) + (29) + (31) + (59) + (67) lösen unter anderem angenehme Gefühle der Gelassenheit, Klarheit, Zentriertheit aus, da Bedürfnisse der Offenheit, Ordnung, Freiheit und Liebe erfüllt werden.

(72) + (77) + Die zwei Verse lösen unangenehme Gefühle unter anderem wie Panik, Enge, Ungeduld aus, da das Bedürfnis nach Freiheit nicht erfüllt wird, jedoch lösen sie auch angenehme Gefühle wie Kraft und Konzentriertheit aus, da Bedürfnisse von Geborgenheit, Ordnung und Offenheit erfüllt werden.

(79) Der Vers löst angenehme Gefühle der Zentriertheit und Kraft aus, da Bedürfnisse der Ordnung und Klarheit erfüllt werden.

Die Verse (86) + (90) lösen unangenehme Gefühle unter anderem wie Empörung und Ängstlichkeit aus, da Bedürfnisse der Teilhabe und Schutz nicht erfüllt werden, doch sie lösen auch angenehme Gefühle wie Klarheit und Zentriertheit aus, da Bedürfnisse der Geborgenheit und Ordnung erfüllt werden.

Die Verse (102) + (104) lösen unter anderem angenehme Gefühle der Gelassenheit, Klarheit, Zentriertheit aus, da Bedürfnisse der Offenheit, Ordnung, Freiheit und Liebe erfüllt werden.

(106) Dieser Vers löst unangenehme Gefühle wie Zittrigkeit, Angst, Alarmiertheit, Schutzlosigkeit, Eifersucht, Betroffenheit, Ungeduld, Ende, Panik, Druck, Neid, Passivität und Resignation aus, da Bedürfnisse der Aufrichtigkeit, Authentizität und Eigenverantwortung unerfüllt bleiben.

Die Verse (107) + (113) + (114) + (115) lösen unter anderem angenehme Gefühle der Gelassenheit, Klarheit, Zentriertheit, Gelassenheit und Lebendigkeit aus, da Bedürfnisse der Offenheit, Ordnung, Freiheit und Liebe erfüllt werden.

Die Verse (118) + (119) + (120) lösen unangenehme Gefühle unter anderem wie Neid und Ängstlichkeit aus, da Bedürfnisse der Teilhabe und Schutz nicht erfüllt werden, doch sie lösen auch angenehme Gefühle wie Klarheit und Zentriertheit, da Bedürfnisse der Geborgenheit und Ordnung erfüllt werden.

Vers (196) löst das Gefühl der Klarheit aus, da das Bedürfnis nach Klarheit erfüllt wird.

Vers (197) löst unangenehme Gefühle wie Zittrigkeit, Angst, Alarmiertheit, Schutzlosigkeit, Eifersucht, Betroffenheit, Ungeduld, Ende, Panik, Druck, Neid,

Passivität und Resignation aus, da Bedürfnisse der Aufrichtigkeit, Authentizität und Eigenverantwortung unerfüllt bleiben.

(198) + (199) + (200) Diese Verse lösen angenehme Gefühle der Klarheit, Zentriertheit und des Mutes aus, da Bedürfnisse der Orientierung, Sicherheit, Verbundenheit da Bedürfnisse der Präsenz und des Vertrauens erfüllt werden.

5.4 an-Nisā' (Frauen)

Die Sura an-Nisā' ist in in der medinensischen Zeit des Propheten Muhammed offenbart worden. Wie der Name bereits verrät, behandelt die Sura viele Themen rund um die Rechte der Frauen. Es wird auf das Erbrecht der Frauen eingegangen und auf die gegenseitigen Verpflichtungen von Mann und Frau. Wie auch in der Sura al-Baqara und al-'Imran ist auch in der Sura an-Nisā' die Rede von Heuchlern. Insofern werden praktische Gesetzgebungen in der Sura wie beispielsweise das Erbrecht angesprochen, auf das ich in der Arbeit nicht näher eingehen werde, da sonst der Rahmen der Arbeit gesprengt würde. Da Jesus in der Sura einige Male erwähnt und dazu eine ganz klare Botschaft von Gott initiiert wird, habe ich mich entschieden, die Verse dazu aufzuschlüsseln, da sie auch Aufschluss darüber geben, welches Prophetenverständnis gottgewollt ist und wie Menschen Propheten sehen und auch wahrnehmen können und die Wahrheit dessen, was in den Schriften steht, hier Koran, abändern, um bestimmte Interessen zu bekräftigen. Hierbei kommen wir eben auch auf das Thema rund um die Frauen im Islam, wodurch die Verse im Koran eine auf der anderen Seite sehr klare Sprache geben. Doch im genaueren Hinsehen bleibt auch sehr viel Spielraum in der Deutung offen. Insbesondere sind folgende Verse näher dazu betrachtet worden:

Von den insgesamt 176 Versen der Sura an-Nisā' habe ich 25 Verse detailliert aufgeschlüsselt und dabei entdeckt, dass die Verse (3), (15), (19), (20), (34), (78), (79), (111) und (128-129) polarisierend wirken, da sie auf der einen Seite zwar sehr klare Verse sind und die Bedürfnisse von Klarheit und Ordnung erfüllen, auf der anderen Seite aber auch Gefühle wie Ekel und Empörtheit auslösen, da unter anderem Bedürfnisse wie Freude, Selbstbestimmung oder Vertrauen nicht erfüllt werden.

Verse, die ganz klar nur Bedürfnisse erfüllen, sind folgende: (4-5), (7), (17), (21), (35), (58-59), (95-96), (110), (112), (127), (130), (174).

Seit jeher befassen sich Historiker wie auch Gesetzgeber mit dem Thema bzw. der Frage, welche Rechte den Frauen eingeräumt werden sollten. Die Tatsache, dass ein Surentitel von Gott den Frauen gewidmet wurde, zeigt unmissverständlich, dass es sogar zu Lebzeiten des Propheten Muhammed a.s.[140] bestimmte Rollenklischees gegeben hat, die sich jedoch bis in die Neuzeit hindurchgearbeitet haben. Daher habe ich mich entschieden, das Thema der muslimischen Frau in ihrem Selbstverständnis zu betrachten und nicht dahingehend, wie Frauen nur von außen gesehen werden und noch viel weniger, was sie durch ihre Erscheinung in anderen auslösen.

---

[140] „a.s.": Abkürzung für alejhi selam. Übersetzung aus dem Arabischen „Friede sei mit ihm"

Sura an-Nisā'	Angenehme Gefühle	Unangenehme Gefühle	Erfüllte Bedürfnisse	Unerfüllte Bedürfnisse
3.Und wenn ihr Grund habt, zu fürchten, daß ihr nicht gerecht gegen die Waisen handeln mögt, dann heiratet von (anderen) Frauen solche, die euch erlaubt sind – (sogar) zwei oder drei oder vier: aber wenn ihr Grund habt, zu fürchten, daß ihr nicht fähig sein mögt, sie mit gleicher Fairneß zu behandeln, dann (nur) eine – oder (von) jenen, die ihr rechtmäßig besitzt. Dies wird es eher wahrscheinlich machen, daß ihr nicht vom rechten Kurs abweicht.[141]	Klar	Desinteressiert, matt, leer, schlaff, konfus, nervös, voll Ekel, benommen, taub, unruhig, fassungslos, rasend, kalt, widerwillig, entrüstet, tot, zornig, verwirrt, irritiert, geschockt, eng, voll Schmerz, entsetzt, eifersüchtig, hart	Klarheit	Freude, Vertrauen, Zugehörigkeit, Teilhabe, Sicherheit, Respekt, Frieden, Gemeinschaft, Aufrichtigkeit, Liebe, Präsenz, Sinn, Geborgenheit, Nähe, Ruhe, Selbstachtung, Selbstwert, Stimmigkeit mit sich selbst
4.Und gebt den Frauen ihre Ehegaben im Geist eines Geschenks; aber wenn sie aus eigenem Antrieb euch etwas davon erlassen, dann genießt es mit Vergnügen und guten Mutes.[142]	Klar		Klarheit	

---

[141] Asad, Muhammad: Die Botschaft des Koran. Ostfildern: Patmos Verlag 2011, S. 147f.

[142] Asad, Muhammad: Die Botschaft des Koran. Ostfildern: Patmos Verlag 2011, S. 149.

5.Und vertraut nicht jenen, die schwachen Urteilsvermögen sind, die Besitztümer an, die Gott zu (ihrer) Unterstützung in eure Obhut gegeben hat, sondern laßt sie ihre Versorgung davon haben und kleidet sie und sprecht zu ihnen auf gütige Weise.[143]	Klar		Klarheit	
7.Die Männer sollen einen Anteil haben an dem, was Eltern und Verwandte hinterlassen, und die Frauen sollen einen Anteil haben an dem, was Eltern und Verwandte hinterlassen, ob es wenig oder viel sei – einen (von Gott) verordneten Anteil.[144]	Klar		Klarheit	
15. Und was jene von euren Frauen angeht, die unmoralischen Verhaltens schuldig werden, ruft vier von euch, die Zeuge von ihrer Schuld waren; und wenn diese Zeugnis davon geben, beschränkt die schuldigen Frauen auf ihre Häuser, bis der Tod sie wegnimmt oder Gott ihnen einen Weg (durch Reue) eröffnet.[145]	Klar, konzentriert, zentriert	Zittrig, ängstlich, alarmiert, ohne Schutz, eifersüchtig, betroffen, ungeduldig, eng, panisch, voll Druck, neidisch, passiv, resigniert	Geborgenheit (Interdependenz) Zentriertheit, Ordnung, (Spirituelle Verbunden-heit) Wahlmöglichkeit (Autonomie)	Teilhabe, integriert sein, Verbindung (Interdependenz) Schutz, Gemeinschaft

---

[143] Ebd. S. 149.

[144] Ebd. S. 149.

[145] Asad, Muhammad: Die Botschaft des Koran. Ostfildern: Patmos Verlag 2011, S. 151f.

17. Wahrlich, Gottes Annahme der Reue betrifft nur jene, die aus Unwissenheit Übles tun und dann bereuen, bevor ihre Zeit abläuft: und es sind sie, denen Gott sich in Seiner Barmherzigkeit wieder zuwenden wird – denn Gott ist allwissend, weise;[146]	Klar, konzentriert, zentriert, gelassen, mutig, gelassen, motiviert, zuversichtlich-friedlich, erlöst, optimistisch, dankbar		Sicherheit, Orientierung, Vertrauen, Liebe/ Verbindung	
19. O ihr, die ihr Glauben erlangt habt! Es ist euch nicht erlaubt, (zu versuchen) Erben eurer Ehefrauen zu werden (indem ihr an ihnen festhaltet) gegen ihren Willen; und auch sollt ihr sie nicht unter Zwang behalten in der Absicht irgend etwas von dem wegzunehmen, was ihr ihnen gegeben haben mögt, es sei denn, daß sie auf offensichtliche Weise unmoralischen Verhaltens schuldig geworden sind. Und geht mit euren Ehefrauen auf gefällige Weise um; denn wenn ihr sie nicht mögt, kann es gut sein, daß ihr etwas nicht mögt, was Gott noch zu einer Quelle von reichlich Guten machen mag.[147]	Konzentriert, wach, erstaunt, verdutzt	empört	Zentriertheit, Klarheit	Das Leben bereichern

---

146 Ebd. S. 152.

147 Asad, Muhammad: Die Botschaft des Koran. Ostfildern: Patmos Verlag 2011, S. 153.

20. Aber wenn ihr eine Ehefrau aufgeben möchtet und eine andere an ihrer Stelle nehmen, nehmt nicht etwas von dem weg, was ihr der ersten gegeben habt, wieviel auch immer es gewesen sein mag. Würdet ihr es etwa wegnehmen, indem ihr sie verleumdet und also eine offenkundige Sünde begeht?[148]	Konzentriert wach, erstaunt, verdutzt,	empört, voll Schmerz, eng	Zentriert-heit, Klarheit	Vertrauen, Freude, Ruhe, Vertrauen, Zugehörigkeit, Teilhabe, Sicherheit, Respekt, Sinn, Frieden, Nähe, Gemeinschaft, Aufrichtigkeit, Liebe, Präsenz, Geborgenheit, Selbstachtung,
21. Und wie könntet ihr es wegnehmen, nachdem ihr euch einander gegeben habt und sie ein höchst feierliches Versprechen von euch bekommen habt?[149]	Klar		Klarheit	
34. Die Männer sollen für die Frauen voll-ständig Sorge tragen mit den Wohltaten, die Gott den ersteren reichlicher erteilt hat als den letzteren und mit dem was von ihren Besitztümern ausgeben mögen. Und die rechtschaffenen Frauen sind die wahrhaft demütigen Ergebenen, welche die Intimität hüten, die Gott zu hüten (verordnet) hat. Und was jene Frauen angeht, deren Übelwollen ihr Grund zu fürchten habt, ermahnt sie (zuerst); dann laßt sie allein im Bett; dann schlagt sie; und wenn sie daraufhin auf euch acht geben, sucht nicht ihnen zu	Klar	matt, schlaff, konfus, nervös, voll Ekel, benommen, taub, unruhig, fassungslos, rasend, kalt, widerwillig, entrüstet, tot, zornig, verwirrt, irritiert, geschockt, eng, voll Schmerz, entsetzt, hart	Klarheit	Freude, Vertrauen, Zugehörigkeit, Teilhabe, Sicherheit, Respekt, Frieden, Gemeinschaft, Aufrichtigkeit, Liebe, Präsenz, Sinn, Geborgenheit, Nähe, Ruhe, Selbstachtung, Selbstwert, Stimmigkeit mit sich selbst

---

[148] Ebd. S. 153

[149] Ebd. S. 153.

schaden. Siehe, Gott ist führwahr allerhöchst, groß![150]				
35. Und wenn ihr Grund habt, zu fürchten, daß zwischen einem (verheirateten) Paar ein Bruch entstehen könnte, bestimmt ein Schiedsrichter von ihren Angehörigen; wenn sie beide die Dinge in Ordnung bringen wollen, mag Gott ihre Versöhnung herbeiführen. Siehe, Gott ist fürwahr allwissend, gewahr.[151]	klar		Klarheit	
58. Siehe, Gott gebietet euch alles, was euch anvertraut worden ist, denjenigen auszuhändigen, die darauf Anspruch haben und immer, wenn ihr zwischen Leuten richtet, mit Gerechtigkeit zu richten. Wahrlich, höchst vortrefflich ist, was Gott euch zu tun ermahnt: wahrlich, Gott ist allhörend, allsehend. [152]	Zentriert, konzentriertkraftvoll, mutig, aufmerksamengagiert, erfüllt, klar, erleichtert, erwartungsvoll, gelassen, sicher, selig, friedlich, beeindruckt, bewegt, lebendig		Geborgenheit (Interdependenz) Zentriertheit, Ordnung, (Spirituelle Verbunden-heit)	
59. O ihr, die ihr Glauben erlangt habt1 Gebt acht auf Gott und gebt acht auf den Gesandten und auf jene von euch, die mit Autorität betraut worden sind; und wenn	Zentriert, konzentriertkraftvoll, mutig, selig, aufmerksamen-		Geborgenheit (Interdependenz) Zentriertheit, Ord-	

---

[150] Asad, Muhammad: Die Botschaft des Koran. Ostfildern: Patmos Verlag 2011, S. 159.

[151] Asad, Muhammad: Die Botschaft des Koran. Ostfildern: Patmos Verlag 2011, S. 159.

[152] Ebd. S. 165.

ihr über irgendeine Sache uneinig seid, bringt sie vor Gott und den Gesandten, wenn ihr (wahrhaft) an Gott und den Letzten Tag glaubt. Dies ist das Beste (für euch) und am besten am Ende.[153]	gagiert, erfüllt, klar, erleichtert, erwartungsvoll, gelassen, sicher, friedlich, beeindruckt, bewegt, lebendig		nung, (Spirituelle Ver-bunden-heit)	
78. Wo immer ihr sein mögt, wird euch der Tod ereilen – selbst wenn ihr in hochgezogenen Türmen seid." Doch wenn ihnen etwas Gutes geschieht, sagen einige (Leute): „Dies ist von Gott", wohingegen, wenn sie Übel trifft, sie sagen: „Dies ist von dir (o Mitmensch)!" Sag: „Alles ist von Gott." Was ist denn mit diesen Leuten, daß sie in keiner Weise nahe sind, die Wahrheit dessen zu erfassen, was ihnen gesagt wird?[154]	Klar, zentriert, konzentriert	Zittrig, ängstlich, alarmiert, ohne Schutz, eifersüchtig, betroffen, ungeduldig, eng, panisch, voll Druck, neidisch, passiv, resigniert	Geborgenheit, Zentriert-heit, Ordnung, (Spirituelle Verbunden-heit) Wahlmöglichkeit (Autonomie)	Teilhabe, integriert sein, Verbindung (Interdependenz) Schutz

[153] Asad, Muhammad: Die Botschaft des Koran. Ostfildern: Patmos Verlag 2011, S. 166.

[154] Ebd. S. 170.

79. Was immer Gutes dir geschieht, ist von Gott; und was immer Übles dich trifft, ist von dir selbst.[155]	Klar, zentriert konzentriert	Zittrig, resigniert, passiv, voll Druck, neidisch, ängstlich, ohne Schutz, alarmiert, eng, eifersüchtig, betroffen, ungeduldig, panisch,	Geborgen-heit, Zentriert-heit, Ordnung, (Spirituelle Verbunden-heit) Wahl-möglichkeit (Autonomie)	Teilhabe, integriert sein, Verbindung (Interdependenz) Schutz
95. Solche von den Gläubigen, die passiv bleiben – außer den Behinderten -, können nicht für gleich erachtet werden mit denen, die sich hart anstrengen für Gottes Sache mit ihren Besitztümern und ihrem Leben: Gott hat jene, die sich hart anstrengen mit ihren Besitztümern und ihrem Leben, weit erhöht über jene, die passiv bleiben. Obwohl Gott das letzte Gute allen (Gläubigen) versprochen hat, hat Gott doch jene, die sich hart anstrengen, erhöht über jene, die passiv bleiben, durch (das Versprechen) einer mächtigen Belohnung (an sie) -	Klar, konzentriert-zentriert, entspannt, mit Liebe erfüllt, inspiriert, optimistisch, aufmerksam-stolz, mutig, motiviert, still, friedlich, entspannt, gelassen, begeistert		Teilhabe, integriert sein, Verbindung Schutz, Geborgen-heit Zentriert-heit, Ordnung, (Spirituelle Verbunden-heit)	

---

[155] Ebd. S. 170.

96. (viele) Stufen davon – und Vergebung der Sünden und Seine Gnade; denn Gott ist führwahr vielvergebend, ein Gnaden-spender.[156]	Klar, erfüllt, kon-zentriert, zentriert, ent-spannt, mit Liebe inspiriert, opti-mistisch, auf-merksam, stolz, mutig, motiviert, still, friedlich, entspannt, gelas-sen, begeistert		Teilhabe, in-tegriert sein, Verbindung, Schutz, Ge-borgenheit Zentriertheit, Ordnung, (Spirituelle Verbunden-heit)	
110. Doch wer Übel tut oder (anderwei-tig) gegen sich selbst sündigt und danach zu Gott betet, daß Er ihm vergibt, der wird Gott vielvergebend, einen Gnaden-spender finden:	Klar, erfüllt, kon-zentriert, zentriert, ent-spannt, mit Liebe inspiriert, opti-mistisch, auf-merksam, stolz, mutig, motiviert, still, friedlich, entspannt, gelas-sen, begeistert		Teilhabe, in-tegriert sein, Verbindung Schutz Gebor-genheit Zent-riertheit, Ord-nung, (Spiri-tuelle Ver-bundenheit)	

---

[156] Asad, Muhammad: Die Botschaft des Koran. Ostfildern: Patmos Verlag 2011, S. 176.

111. denn wer eine Sünde begeht, der begeht sie nur zu seinem eigenen Schaden; und Gott ist führwahr allwissend, weise.[157]	Klar, konzentriert, zentriert, entspannt, mit Liebe erfüllt, inspiriert, optimistisch, aufmerksam, stolz, mutig, motiviert, still, friedlich, entspannt, gelassen, begeistert	Zittrig, ängstlich, alarmiert, ohne Schutz, eifersüchtig, betroffen, ungeduldig, eng, panisch, voll Druck, neidisch, passiv, resigniert	Teilhabe, integriert sein, Verbindung Schutz Geborgenheit Zentriertheit, Ordnung, (Spirituelle Verbundenheit)	Teilhabe, integriert sein, Verbindung Schutz
112. Aber wer einen Fehler oder eine Sünde begeht und dann die Schuld daran auf eine unschuldige Person schiebt, der belastet sich selbst mit der Schuld der Verleumdung und (noch einer anderen) schändlichen Sünde.[158]	Klar, konzentriert, zentriert, inspiriert, optimistisch, aufmerksam, mutig, motiviert, still, friedlich, entspannt, gelassen,		Verbindung Schutz Geborgenheit Zentriertheit, Ordnung, (Spirituelle Verbunden-heit) Liebe	
127. Und sie werden dich fragen, sie über die Gesetze bezüglich der Frauen aufzuklären. Sag: „ Gott (Selbst) klärt euch über die Gesetze bezüglich ihrer auf" – denn (Sein Wille wird aufgezeigt) in dem,	Klar, konzentriertzentriert, inspiriert, optimistisch, aufmerk-		Verbindung Schutz Geborgenheit Zentriertheit, Ordnung, (Spiri-	

---

[157] Asad, Muhammad: Die Botschaft des Koran. Ostfildern: Patmos Verlag 2011, S. 180.

[158] Ebd. S. 180.

was euch durch diese göttliche Schrift über die Waisenfrauen (in eurer Obhut) übermittelt wird, denen ihr – weil ihr selbst wünschen mögt, sie zu heiraten – nicht das gebt, was für sie verordnet worden ist; und über hilflose Kinder; und über eure Pflicht, die Waisen mit Gerechtigkeit zu behandeln. Und was immer Gutes ihr tun mögt – siehe, Gott hat fürwahr volles Wissen davon.[159]	sammutig, motiviert, still, friedlich, entspannt, gelassen,		tuelle Ver-bunden-heit) Liebe	
128. Und wenn eine Frau Grund hat, Mißhandlung von ihrem Ehemann zu fürchten, oder daß er sich von ihr abwenden könnte, soll es nicht unrecht für die beiden sein, die Dinge auf friedliche Weise zwischen sich in Ordnung zu bringen; denn Frieden ist am besten, und Selbstsucht ist in menschlichen Seelen immer gegenwärtig. Aber wenn ihr Gutes tut und euch Seiner bewußt seid – siehe, Gott ist führwahr all dessen gewahr, was ihr tut.[160]	Konzentriert, wach, erstaunt, verdutzt,	empört	Klarheit	Das Leben bereichern Wahlmöglichkeit Autonomie

---

[159] Asad, Muhammad: Die Botschaft des Koran. Ostfildern: Patmos Verlag 2011, S. 183.
[160] Asad, Muhammad: Die Botschaft des Koran. Ostfildern: Patmos Verlag 2011, S. 183.

129. Und es wird nicht in eurer Macht sein, eure Frauen mit gleicher Fairneß zu behandeln, wie sehr ihr es auch wünschen mögt; und so erlaubt euch nicht, einer unter Ausschluß der anderen zuzuneigen, sie sozusagen in einem Zustand lassend, einen Ehemann zu haben und nicht zu haben. Aber wenn ihr die Dinge in Ordnung bringt und euch Seiner bewußt seid – siehe, Gott ist führwahr vielvergebend, ein Gnadenspender.[161]	Klar	Des-interessiert, matt, leer, schlaff, konfus, nervös, voll Ekel, verwirrt, benommen, taub, unruhig, fassungslos, rasend, kalt, widerwillig, entrüstet, tot, zornig, eng, irritiert, hart, geschockt, voll Schmerz, entsetzt, eifersüchtig	Klarheit	Freude, Vertrauen, Zugehörigkeit, Teilhabe, Sicherheit, Respekt, Frieden, Gemeinschaft, Aufrichtigkeit, Liebe, Präsenz, Sinn, Geborgenheit, Nähe, Ruhe, Selbstachtung, Selbstwert, Stimmigkeit mit sich selbst
130. Und wenn Ehemann und Ehefrau sich trennen, wird Gott für jeden von ihnen aus Seiner Fülle sorgen: denn Gott ist fürwahr unendlich weise.[162]	Klar, konzentriert, zentriert, inspiriert, optimistisch, aufmerksam, mutig, motiviert, still, friedlich, entspannt, gelassen,		Verbindung Schutz Geborgenheit Zentriertheit, Ordnung, (Spirituelle Verbunden-heit) Liebe	

[161] Asad, Muhammad: Die Botschaft des Koran. Ostfildern: Patmos Verlag 2011, S. 183.

[162] Ebd. S. 183.

174.0 Menschheit! Eine Manifestation der Wahrheit ist nun von eurem Erhalter zu euch gekommen, und Wir haben klares Licht zu euch herabgesandt.[163]	Klar, konzentriert, zentriert, entspannt, mit Liebe erfüllt, inspiriert, optimistisch, aufmerksam, stolz, mutig, motiviert, still, friedlich, entspannt, gelassen, begeistert		Teilhabe, integriert sein, Verbindung Schutz Geborgenheit Zentriertheit, Ordnung, (Spirituelle Verbunden-heit)

Tabelle 8: an-Nisā' bedürfnisorientiert aufgeschlüsselt[164]

---

[163] Asad, Muhammad: Die Botschaft des Koran. Ostfildern: Patmos Verlag 2011, S. 192.

[164] Alle angeführten koranischen Verse stammen aus: Asad, Muhammad: Die Botschaft des Koran.

5.4.1 Erläuterung zur Tabelle 8:

Der Vers (3) löst das Gefühl der Klarheit aus, da das Bedürfnis von Klarheit erfüllt wird, er löst jedoch Vergleich viele unangenehme Gefühle wie Desinteresse, Schlaffheit, Benommenheit, Zorn und viele andere aus, da Bedürfnisse unter anderem von Freude, Vertrauen, Zugehörigkeit nicht erfüllt werden.

Die Verse (4) + (5) + (7) lösen das Gefühl der Klarheit aus, da das Bedürfnis nach Klarheit erfüllt wird.

Vers (20) löst angenehme Gefühle wie Konzentriertheit und Erstaunen aus, da das Bedürfnis von Klarheit erfüllt wird, wohingegen der Vers ebenso unangenehme Gefühle wie Empörung, Schmerz und Enge auslöst, da Bedürfnisse des Vertrauens, der Freude, Zugehörigkeit, Nähe und Selbstachtung nicht erfüllt werden.

(15) Dieser Vers löst unangenehme Gefühle unter anderem wie Panik, Enge, und Ungeduld aus, da das Bedürfnis nach Freiheit nicht erfüllt wird, jedoch löst er auch angenehme Gefühle wie Kraft und Konzentriertheit aus, da Bedürfnisse von Geborgenheit, Ordnung und Offenheit erfüllt werden.

Vers (17) löst unter anderem angenehme Gefühle der Gelassenheit, Klarheit, Zentriertheit aus, da Bedürfnisse der Offenheit, Ordnung, Vertrauen und Liebe erfüllt werden.

(34) Dieser Vers ist ein polarisierender Vers, da er auf der einen Seite das Gefühl der Klarheit auslöst, da das Bedürfnis nach Klarheit erfüllt wird. Auf der anderen Seite löst er das Gefühl von Unruhe, Ekel, Widerwillen, Enge und Härte u.v.m aus, da Bedürfnisse unter anderem des Vertrauens, der Freude, Zugehörigkeit, Nähe und Selbstachtung nicht erfüllt werden

Die Verse (35) + (58) + (59) lösen unter anderem das Gefühl der Klarheit, Aufmerksamkeit und Lebendigkeit aus, da unter anderem die Bedürfnisse von Geborgenheit, Ordnung und Zentriertheit erfüllt werden.

Die Verse (78) + (79) lösen unangenehme Gefühle unter anderem wie Neid und Ängstlichkeit aus, da Bedürfnisse der Teilhabe und Schutz nicht erfüllt werden, doch sie lösen auch angenehme Gefühle wie Klarheit und Zentriertheit aus, da Bedürfnisse der Geborgenheit und Ordnung erfüllt werden.

(95) + (96) + (110) Diese Verse lösen angenehme Gefühle der Klarheit, Zentriertheit und des Mutes aus, da Bedürfnisse der Orientierung, Sicherheit, Verbundenheit und Bedürfnisse der Präsenz und des Vertrauens erfüllt werden.

Vers (111) löst unangenehme Gefühle unter anderem wie Neid und Ängstlichkeit aus, da Bedürfnisse der Teilhabe und Schutz nicht erfüllt werden, doch er löst auch angenehme Gefühle wie Klarheit und Zentriertheit aus, da Bedürfnisse der Geborgenheit und Ordnung erfüllt werden.

Die Verse (112) + (127) lösen unter anderem angenehme Gefühle der Gelassenheit, Klarheit und Zentriertheit aus, da Bedürfnisse der Offenheit, Ordnung, Freiheit und Liebe erfüllt werden.

(128) Dieser Vers löst das unangenehme Gefühl der Empörung aus, da die Bedürfnisse der Wahlmöglichkeit und Autonomie nicht erfüllt werden, wohingegen er zeitgleich Gefühle von Klarheit auslöst, da das Bedürfnis von Klarheit erfüllt wird.

Vers (129) löst das Gefühl der Klarheit aus, da das Bedürfnis von Klarheit erfüllt wird, löst jedoch gleichzeitig viele unangenehme Gefühle wie Desinteresse, Schlaffheit, Benommenheit, Ekel, Zorn und viele andere aus, da Bedürfnisse unter anderem von Freude, Vertrauen, Zugehörigkeit, Selbstachtung, Teilhabe nicht erfüllt werden.

Die Verse (130) + (174) lösen unter anderem angenehme Gefühle der Gelassenheit, Klarheit, Optimismus, Begeisterung, Zentriertheit, Gelassenheit und Lebendigkeit aus, da Bedürfnisse der Offenheit, Ordnung, Schutz, Freiheit und Liebe erfüllt werden.

5.5 Zusammenfassung

Um mit Gott in Verbindung treten zu können, brauchen Menschen Worte. Infolgedessen gebraucht Gott dieses Kommunikationsmittel, um mit uns Menschen in Kontakt zu treten. Auch Rosenberg geht von der Grundannahme aus, dass die Erfüllung unserer Bedürfnisse der göttlichen Energie entstammen und sie ein lebendiger Prozess sind. Religiosität wird hier im gewissen Grade mit der Kompetenz zum Mitgefühl gemessen.

Mit der Sura al-Fatiha habe ich mit der Aufschlüsselung angefangen. Alle Tabellen wurden wie folgt erarbeitet. Jede Tabelle enthält fünf Kategorien:1. Surenname und Verse, 2. Angenehme Gefühle, 3. Unangenehme Gefühle, 4. Erfüllte Bedürfnisse und 5. Unerfüllte Bedürfnisse. Abschließend wird die Tabelle zusammengefasst. Die deutsche Koranübersetzung wurde Muhammad Asad herangezogen.

Die Sura al-Fatiha ist ein sehr intensives Kapitel, auch wenn sie nur aus sieben Versen besteht. Alle Verse bis auf zwei lösen durchwegs angenehme Gefühle wie Neugier und Optimismus aus, da Bedürfnisse der Orientierung und Fürsorge erfüllt werden. Auf der anderen Seite empören der Vers vier und sieben, da Bedürfnisse der Gemeinschaft und Nähe nicht erfüllt werden.

Die zweite Sura, die ich gewaltfrei analysiert habe, ist die Sura al-Baqara, die mit ihren 286 Versen die längste Sura im Koran ist und ich mich somit auf siebenundvierzig Verse beschränkt habe, die zwei große Themenbereiche abdecken, und zwar jenes, dass der Glaube dem Menschen intellektuell zugänglich ist und zweitens jenes, dass der Mensch nach seinem Ableben für sein Handeln im Diesseits zur Verantwortung gezogen wird. Auch in der Sura al-Baqara gibt es einige Verse, die polarisieren, indem sie die Bedürfnisse, das Leben zu bereichern, nicht erfüllen. Jene Verse, die angenehme Gefühle auslösen, sind gefärbt von einer Klarheit und Zentriertheit, Dankbarkeit, Zuversicht, Präsenz und Liebe.

Die dritte Sura, die ich gewaltfrei analysiert habe, ist die Sura Al 'Imran mit 200 Versen, aus denen ich vierundzwanzig Verse analysiert habe. Dabei habe ich mich auf jene Verse beschränkt, die von authentischen Menschen handeln. In der Sure wird über die Abhängigkeit des Menschen gegenüber Gott gesprochen und dass der Mensch sich demnach bewusst aussuchen muss, an welche Menschen man sich bindet und wen man sich als Vorbild nimmt. Die Propheten sind hier Vorbilder, doch sie stehen nicht inmitten der Beziehung der Gott-Mensch-Beziehung. Daher ist der Mensch autonom zu wählen, was er verinnerlichen möchte. Die angenehmen Gefühle, die ausgelöst werden, sind Gefühle der Gelassenheit, Liebe und Klarheit, da Bedürfnisse der Freiheit, Liebe, Offenheit und Ordnung erfüllt werden. Auf der anderen Seite werden Bedürfnisse der Aufrichtigkeit, Authentizität und Eigenverantwortung nicht erfüllt, welche unangenehme Gefühle wie Ungeduld und Panik auslösen.

Die vierte und zugleich letzte Sura, die ich analysiert habe, ist die Sura an-Nisā'. Von den insgesamt 176 Versen habe ich schlussendlich fünfundzwanzig gewaltfrei aufgeschlüsselt. In der Sura wird - wie im Titel - auf die Frauenrechte eingegangen, aber auch auf die Heuchler der damaligen Zeit und welche Haltung Gott ihnen gegenüber hegt. Frauenrechte sind die eine Sache, doch das Selbstverständnis der Frau ist eine ganz andere, denn durch dieses Verständnis räumen sie sich selbst Rechte ein. In dieser Sura sind ebenfalls polarisierende Verse vorhanden, die einerseits Bedürfnisse der Klarheit, Begeisterung, Freiheit, Schutz und Liebe erfüllen, da Gefühle der Gelassenheit und Sicherheit ausgelöst werden. Auf der anderen Seite lösen einige Verse Gefühle des Ekels, der Widersinnigkeit, Härte und Unruhe aus, da Bedürfnisse der Zugehörigkeit, Nähe, Freude und Selbstachtung nicht erfüllt werden. Mit der Analyse der vier Suren ist ein Grundgerüst erstellt worden, um in weiterer Linie praktische Unterrichtsentwürfe zu erstellen, die im Rahmen des Islamischen Religionsunterrichtes verwendet werden können. Sie dienen als Orientierung und können je nach Bedarf optimiert und umgestaltet werden.

6 Kompetenzerwerb im IRU nach der Methode der Gewaltfreien Kommunikation

Im Lehrplan für den Islamischen Religionsunterricht an Allgemein Höheren Schulen ist der Themenschwerpunkt *„Der Koran – die Primärquelle im Islam"* vorgesehen. Dieser zählt als ein großer Themenschwerpunkt von zwanzig konkreten Themenbereichen. Dabei werden im Themenschwerpunkt Koran vier grundlegende Themen angeführt, die im Rahmen des Islamischen Religionsunterrichtes mit den SchülerInnen erarbeitet werden sollen. Die vier Themen beinhalten:

- „Dimensionen des Koranverständnisses
- Koranspezifische Debatten
- Korandialog
- Koranhermeneutik"[165]

Die vorliegende Arbeit ist im Bereich der Koranhermeneutik angesiedelt. Hierbei sollen die SchülerInnen befähigt werden, sich mit der Korananalyse näher zu beschäftigen und sich mit ihr persönlich auseinandersetzen. Sie sollen Einblick über die verschiedenen Übertragungen, die in der deutschen Sprache verfasst worden sind, erörtern und miteinander vergleichen.

> „Die Schüler/innen (er)kennen und verstehen Sprach-, Kommunikations- und Gestaltungsformen, die für das islamisch-religiöse Selbst- und Weltverständnis charakteristisch sind."[166]

Im Rahmen dieser Arbeit wurde die Koranübersetzung von Muhammad Asad herangezogen.

Die intensive Auseinandersetzung mit den Koransuren soll die SchülerInnen dazu bewegen, ihren eigenen spirituellen Koranbezug herzustellen und auf ihre Lebenswelt hin zu reflektieren sowie die unterschiedlichen Zugänge zur Religion einzuordnen und die Ausdrucksformen von islamischer Spiritualität zu reflektieren.[167]

---

[165] Vgl. Dafir, Khalid: Lehrplan für den islamischen Religionsunterricht. Semestrierte, mit Kompetenzen versehen Fassung. Wien: http://www.dafir-khalid.at/2017, S. 18ff.

[166] Ebd. S. 12.

[167] Ebd. Vgl. S. 13.

Khalid drückt die Zielsetzung folgend aus:

> „Sie sprechen über ihre eigenen Erfahrungen mit dem Koran. Sie legen ihre eigene,
> auch emotionale Beziehung zum Koran dar. Sie drücken eigenen Emotionen über den
> Umgang mit dem Koran aus."[168]

Hierbei sind vier Teilkompetenzen wesentlich, die im Rahmen des Islamunterrichtes seitens der SchülerInnen erworben werden können. Dazu gehören die sozial-kommunikative Kompetenz, die emotionale Kompetenz, die religiöse Kompetenz sowie die Handlungs- und Deutungskompetenz. Was mit ihnen im Näheren gemeint wird, wird in den nächsten Unterkapiteln beschrieben.

6.1 Sozial - Kommunikative Kompetenz

Die SchülerInnen haben Respekt, zeigen Akzeptanz und können den religiösen Erfahrungen der MitschülerInnen lauschen. Sie werden dazu befähigt, unterschiedliche Zugänge zur Religion aus der Distanz heraus auszuhalten. Sie können sich in ihre MitschülerInnen einfühlen, ihre Schwierigkeiten bei etwaigen religiösen Fragen[169] verstehen und zeigen Interesse an ihrem Wesen. Die SchülerInnen lernen, dass eine Verurteilung aufgrund unterschiedlicher Meinungen nicht toleriert wird, dagegen soll ein lebendiger und persönlicher Austausch möglich gemacht werden. Sie wollen teilhaben und mitgestalten an den Weltanschauungen anderer. Bezogen auf die gewaltfreie Kommunikation ist dies von enormer Bedeutung, da hier die SchülerInnen lernen, auf die Bedürfnisse ihrer sozialen Umgebung, hier der Unterrichtsgruppe, einzugehen und all dies auszudrücken, was in ihnen lebendig ist. Sie lernen auch das auszudrücken, was ihnen unangenehm ist, ohne die Befürchtung haben zu müssen, dass sie von der Gruppe missachtet oder gar isoliert werden. Sie lernen, dass auch, wenn sie vielleicht unterschiedlicher Meinungen sind, sie ein Teil einer Gemeinschaft sind und sich dessen sicher sein können.

---

[168] Ebd. S. 20.

[169] Vgl. Rothgangel, Martin; Adam, Gottfried; Lachmann Rainer: Religionspädagogisches Kompendium. Göttingen: Vandehocck & Ruprecht 2013, S. 334.

6.2 Emotionale Kompetenz

Die SchülerInnen werden zur kritischen Reflexion religiöser Inhalte durch das Fühlen der koranischen Verse, ganz gleich, ob sie angenehme oder unangenehme Gefühle auslösen, befähigt. Das schult ihre aktive Wahrnehmung für ihr eigenes Befinden und ihre Urteilsfähigkeit in ethischen Fragen. Dabei wird auch das Mitgefühl gefördert, weil sie prosoziale Verhaltensweisen einnehmen. SchülerInnen werden ebenso befähigt, die Ursachen und Folgen[170] von Emotionen zu benennen und Strategien zu erarbeiten, um Emotionen zu regulieren. In der gewaltfreien Kommunikation ist das Benennen der Gefühle wichtig, da vieles im Menschen unbewusst passiert und man vielleicht gar nicht weiß, was man zu bestimmten Themen fühlt. Die SchülerInnen bekommen im Rahmen des Islamischen Religionsunterrichtes die Möglichkeit, ihre Gefühle zu benennen und ihnen einen Platz zu geben. Es dürfen die angenehmen wie auch die unangenehmen Gefühle einen Raum bekommen.

6.3 Religiöse Kompetenz

Die SchülerInnen sollen im Islamischen Religionsunterricht zu den verschiedenen

koranischen Versen Stellung beziehen und sich eine eigene Meinung zu religiösen Fragen bilden. Weiters sind sie in der Lage, die Verse für sich selbst zu analysieren und deren Auswirkungen auf ihr eigenes Glaubensverständnis zu beschreiben und zu beurteilen. Hemel[171] meint dazu, dass religiöse Kompetenz dahingehend definiert ist, dass jeder Mensch die Möglichkeit bekommen sollte, sich für seinen Glauben eigenverantwortlich zu entscheiden, ohne dass man von der Außenwirkung so sehr manipuliert würde, dass eine persönliche Entscheidung gar nicht mehr möglich ist. Rosenberg geht davon aus, dass die gewaltfreie Kommunikation ein Versuch sei, das Konzept von Liebe in einer Art Spiritualität zu verbalisieren. Er sieht darin den innigsten und sehnsüchtigsten Wunsch des Menschen, sich mit dem Göttlichen zu verbinden. Indem wir uns aufrichtig fragen, was in einem Menschen wirklich lebendig ist, verbinden wir uns mit diesem Menschen – doch ei-

---

[170] Vgl. Käbisch, David: Religionsunterreicht und Konfessionslosigkeit. Tübingen: Mohr Siebeck 2014, S. 233.

[171] Vgl. Hemel in: Obst, Gabriele: Kompetenzorientiertes Lehren und Lernen im Religionsunterricht. Göttingen: Vandehocck & Ruprecht 2015, S. 44.

gentlich verbinden wir uns mit der Lebensenergie und diese ist nach Rosenberg: Gott.[172]

6.4 Handlungs -und Deutungskompetenz

Die SchülerInnen können die koranischen Verse interpretieren, deuten, bewerten und deren Relevanz in ihrem Leben zuordnen. Religion ist nicht nur Denken und Fühlen, sondern die Frage, inwieweit ich als Individuum handeln kann und darf. Im Rahmen des Religionsunterrichtes sollen die SchülerInnen dazu befähigt werden, sich in eine Handlungssituation einzudenken und einzufühlen.[173] Dies ist ein kognitiver Akt, der die SchülerInnen als Ganzes fordert. All ihr bisheriges Wissen soll auf eine Situation gespiegelt werden. Sie bekommen hier die Möglichkeit, auch mit ihren Gefühlen zu spielen, indem sie sich Situationen herbeidenken, die für sie schier unmöglich wären oder allzu wunderbar. Zudem sollen die SchülerInnen dazu befähigt werden, das Leben und Denken religiöser Inhalte von anderen Menschen nachzuempfinden, darüber nachzudenken und etwaige Lösungsansätze anzubieten. Doch auch die Möglichkeit, eine Lebensstrategie zu feiern oder zu betrauen, soll Raum haben dürfen, damit das ganze Leben als eine große Schule gesehen wird.

6.5 Zusammenfassung

Im vorliegenden Kapitel wurde herausgefiltert, welche Kompetenzen die SchülerInnen im Rahmen des Islamischen Religionsunterrichtes erwerben können, wenn sie von der Lehrperson mithilfe der gewaltfreien Kommunikation begleitet werden. Im Lehrplan des Religionsunterrichtes wird von der Korananalyse in einem Teilbereich gesprochen, der im Bereich der religiösen Kompetenz angesiedelt ist. Weiters wird die sozio-kommunikative Kompetenz berücksichtigt, da sie für die gewaltfreie Kommunikation von immenser Bedeutung ist. Ohne unsere Worte können wir nicht lernen, das auszudrücken, was in uns lebt. Wenn die SchülerInnen ihren MitschülerInnen nicht offen sagen können, was sie denken, dann wird jedem im Raum das Lernen verwehrt, denn jede Meinung bereichert. Die zweite Kompetenz ist die emotionale Kompetenz, die von den SchülerInnen

---

[172] Vgl. https://www.einfuehlsam-leben.de/die-spirituelle-basis-von-gfk-ein-interview-mit-marshall-b-rosenberg/, Zugriff: 26.10.2018.

[173] Vgl. Käbisch, David: Religionsunterreicht und Konfessionslosigkeit. Tübingen: Mohr Siebeck 2014, S. 243.

erworben wird. Sie bekommen durch das Werkzeug der gewaltfreien Kommunikation die Möglichkeit, die Koranverse zu emotionalisieren, denn Verse sind uns Menschen nicht nur intellektuell zugänglich. Sie berühren uns im Kern unseres Wesens, sie bewegen uns und bieten die Möglichkeit, das Leben in uns zu spüren. Die religiöse Kompetenz als die dritte Teilkompetenz sieht in den SchülerInnen mündige Menschen, die eigenständig und eigenverantwortlich Entscheidungen in religiösen Fragen treffen können. Sie sind mutig, offen und wissbegierig, ohne jedoch ihren Glauben rechtfertigen zu müssen. Sie leben ihren Glauben, so wie sie ihn verstanden haben und können ihre Haltung begründen. Als vierte und letzte Teilkompetenz ist die Handlungs- und Deutungskompetenz vorgesehen, die SchülerInnen dazu befähigt, nach ihrem inneren Kompass Religion auszuleben. Sie wissen, warum sie glauben und sie wissen, warum sie handeln. Sie können Themen überdenken und können flexibel in Situationen handeln. Ihre eigene Religiosität können die SchülerInnen beurteilen, verbalisieren und entsprechend handeln.

Die Forschungsfrage wird dahingehend beantwortet, indem aufgezeigt wird, dass für eine persönliche und lebendige Gott-Mensch-Beziehung die Einbeziehung der Lebenswelt des Menschen notwendig ist. Menschliche Bedürfnisse dürfen nicht ignoriert werden. Falls dies geschieht, entfremden sich Menschen von ihrem eigenen Wesen.

Durch die Auseinandersetzung mit den koranischen Versen, die als Gottes Wort gewertet werden, mithilfe der Methodik der gewaltfreien Kommunikation und mithilfe der Aufschlüsselung in die bedürfnisorientierte Sprache wird Gott als aktiver Ansprechpartner gesehen. Gott wird durch die Entschlüsselung greifbarer und spürbarer und zeigt uns auf, was in den SchülerInnen aktiv wird, wenn sich Gott ihnen zuwendet. SchülerInnen brauchen dazu niemanden von außen, der sie darüber belehrt, ob etwas falsch oder richtig ist, da sie sich dahingehend stützen können, dass das, was in ihnen lebendig wird, Ausdruck finden darf. Sie werden durch ihre Auseinandersetzung von alleine heraus einen inneren Kompass entwickeln und erkennen, was wesentlich schlecht und was wesentlich gut ist.

SchülerInnen treten in einen Dialog mit Gott und wollen sich mitteilen, ihre Bedenken äußern, ihre Freude ausdrücken, ihre Dankbarkeit hochhalten und ihr Bedauern aussprechen. Wenn also Gott ein aktiver Teil im Leben eines Menschen sein soll, dann müssen SchülerInnen von innen heraus angesprochen werden. Sie werden sich automatisch viel intensiver mit Glaubensinhalten beschäftigen, weil ihr Innerstes berührt worden ist. Ab der Einbeziehung des Menschen ins Unterrichtsgeschehen beginnt das aktive Lernen.

7 Schlusswort

In meiner vorliegenden Arbeit habe ich die inneren Prozesse des Lernens versucht zu verdeutlichen, indem ich die Gefühle und die dahinterliegenden Bedürfnisse der Koransuren 1-4 aufgeschlüsselt und aufgezeigt habe.

Dabei war mir das Kartenset zur gewaltfreien Kommunikation von Katja von Gizycki eine große Hilfe. Bei der Aufschlüsselung der Verse fand ich besonders schwierig, dass, auch wenn bestimmte Verse in ihrem Wortlaut klar waren, sie etliche unangenehme Gefühle wecken können - wie in den Tabellen ersichtlich. Damit will ich sagen, dass immer etwas in einem mitschwingt, auch wenn man als Autorin versucht, etwas vollkommen neutral zu formulieren.

Nach meinen Erkenntnissen aus der Arbeit komme ich zum Schluss, dass es keine Gefühlsneutralität gibt. Zwar kann man versuchen, etwas vollkommen gefühlsneutral zu lesen, doch dies erschien mir unmöglich. Hierbei kann man sich weiterführend die Frage stellen, welche Gefühle wir als Lehrpersonen in unseren SchülerInnen wecken wollen und was ihnen in ihrer Persönlichkeitsentwicklung weiterhilft, wenn es keine Gefühlsneutralität gibt. Hierzu habe ich auch im zweiten Kapitel der Macht der Gefühle angeführt, dass Spinoza von den Entwicklungsstufen der Gefühle spricht.

Da Sprache einen großen Einfluss auf uns Menschen hat, wurde das dritte Kapitel Sprache gewidmet. Nicht nur unsere Wortwahl ist von immenser Entscheidungskraft unserer Beziehungen, sondern unsere Haltung, wie wir Menschen begegnen. Vieles in der Kommunikation geschieht nonverbal, aber Sprache wird immer von Gefühlen getragen. Die SchülerInnen zu befähigen, ihre eigenen Gefühle zu bestimmten Themen zu äußern, halte ich als grundlegend für die Friedensbildung in der Gesellschaft.

Als ich 2012 ein Buch von Marshall B. Rosenberg las, wusste ich, dass wir Menschen viel mehr sind, als wir nach außen tragen. Aufgrund seiner Schriften wurde ich neugierig und entschloss mich, eine Ausbildung zur Trainerin für gewaltfreie Kommunikation zu machen. Die Ausbildung hat mein Leben verändert. All die Menschen, die ich dort angetroffen habe, waren für mich so etwas wie tiefreligiöse Menschen. Mein Empfinden war, als würden sie Gottes Wort in die Tat umsetzen, dabei wurden Gottes Worte niemals erwähnt worden. Dazu spricht Izutsu von den Symbolen und dass wir uns Menschen ganz natürlich im Alltag innerhalb der göttlichen Symbole bewegen, wir sie nur entschlüsseln müssen – mithilfe unserer Mitmenschen - und dies ein Leben lang.

Die Auseinandersetzung mit mir selbst als Lehrperson und die Reflexion darüber, was ich meinen SchülerInnen mit auf ihren Weg geben möchte, haben meinen Beruf zur Berufung gemacht. Ich denke, dass, wenn wir wirklich Menschen erreichen möchte, hier spezifisch SchülerInnen, endlich anfangen müssen, in einer persönlichen Sprache zu sprechen, welche es möglich macht, eine Verbindung aufzubauen, die von Wertschätzung und wirklicher Fürsorge geprägt und getragen ist. So verstehe ich Liebe, so verstehe ich Unterricht, so verstehe ich schlussendlich das Lernen. Daher werden im vierten Kapitel die Biografie von Marshall B. Rosenberg sowie die Methodik der 4-Schritte der gewaltfreien Kommunikation angeschnitten, die im weiterführen Kapitel 5 aktiv für die Aufschlüsselung der Koranverse herangezogen worden sind.

Religion darf von der eigenen Person her nicht getrennt diskutiert werden, da die Funktion der Religion sonst sinnlos wäre. Wenn es also darum geht, dass der Mensch eine Verbindung zu Gott aufbaut, dann kann diese Verbindung nicht ohne die innere Teilnahme des Menschen stattfinden. Der Mensch steht demnach immer im Zentrum des religiösen Geschehens und darf in seiner Wahrnehmung religiöser Deutungen nicht ignoriert werden. Die Bedürfnisse und die Gefühle eines Menschen in der Zeit, in der er lebt, sind aktive Unterstützer und Wegweiser seines Lebens. Ohne unsere Gefühle sind wir Ausführer bestimmter Regeln, aber keine aktiv Hinterfragenden, denn wer sich als erwachsener und geistig gesunder Mensch nicht erlaubt zu fühlen, der erlaubt sich nicht zu denken. Ohne Denken gibt es jedoch keinen Fortschritt und genau diesen brauchen wir, wenn wir weitergehen und Religionsinhalte als eine Inspirationsquelle in unserem Leben sehen wollen. Im fünften Kapitel wurden also die ersten vier Suren im Koran bedürfnisorientiert aufgeschlüsselt.

Als letztes und sechstes Kapitel habe ich jene Kompetenzen näher beschrieben, die von SchülerInnen anhand der gewaltfreien Kommunikation erworben werden. SchülerInnen sollen mit der begleitenden Unterstützung der Lehrperson ihr eigenes religiöses Verständnis reflektieren. Denn wenn man als Lehrperson in den Unterricht geht, hinterlässt man immer etwas von sich! Jeder Pädagoge sollte sich die Frage stellen: Was ist mein persönliches Anliegen für die SchülerInnen, die mir anvertraut worden sind?!

Literaturverzeichnis

[Online]. - http://www.gespraechskultur.org/gewaltfreie-kommunikation.html.

[Online]. - https://www.einfuehlsam-leben.de/die-spirituelle-basis-von-gfk-ein-interview-mit-marshall-b-rosenberg/, .

al-Ghazālī Abū Hāmid Muhammad ibn Muhammad Über Intention, reine Absicht und Wahrhaftigkeit [Buch] / Übers. Bauer Hans.- Halle : Keine Angabe, 1916.- Bd. 37. Buch.

al-Ghazālī Abu-Hamid Muhammad Der Erretter aus dem Irrtum [Buch].- Hamburg: Felix Meiner Verlag GmbH, 1988.

al-Wāhidī Alī ibn Ahmad Asbāb al-Nuzūl [Buch]. - Amman, Jordan : Royal Aal al-Bayr Institute for Islamic Thought, 2008.

al-Wahidi Ali ibn Ahmad [Online]. - 2008. - 2018.- http://main.altafsir.com/Books/Asbab%20Al-Nuzul%20by%20Al-Wahidi.pdf.

Asad Muhammad Die Botschaft des Koran [Buch].- Ostfildern : Patmos Verlag der Schwabenverlag, 2011.- 2. Auflage.

Baltes Margaret M. [et al.] Emotion und Reflexivität [Buch].- München-Wien-Baltimore : Urban & Schwarzenberg, 1985.

Bauer-Jelinek Christine Die helle und dunkle Seite der Macht [Buch].- Salzburg : Ecowin Verlag GmbH, 2008.

Braun Roman Die Macht der Rheorik [Buch].- München: Piper Verlag GmbH, 2012. - 2. Auflage.

Bundschuh Konrad Förderdiagnostik konkret [Buch]. - Bad Heilbrunn : Verlag Julius Klinkhard, 2007.

Burger Martin und Konstantinidis Vassili Filmverkündung-Filme als Brücke zwischen Glaube und Themen junger menschen [Buch].- Düsseldorf: Verlag Haus Altenberg GmbH, 2014.

Coelho Paulo [Online]. - 2018.- http://www.angelfire.com/blues/gerber1965/Coel/Handbuch.pdf.

Dafir Khalid Kompetenzorientierung im islamischen Religionsunterricht [Buch]. - Wien: Eigenverlag, 2017.

Fuchs Irmgard Eros und Gefühl: Über den emotionalen Wesenskern des Menschen [Buch]. - Würzburg: Königshausen & Neumann GmbH, 1998.

Ghasâli Al Das Elixier der Glückseligkeit [Buch].- Kreuzlingen/München: Heinrich Hugendubel Verlag, 2008.

Hahn Britta Ich will anders, als du willst, Mama [Buch].- Paderborn: Junfermann Cerlag, 2007.

Hänze Martin Denken und Gefühl: Wechselwirkung zwischen Emotion und Kongnition im Unterricht. [Buch]. - Weinheim und Basel: Beltzverlag 2009.

Hart S und Hodson Kindle Emphatie im Klassenzimmer [Buch].- Paderborn : Junfermann Verlag, 2006.

Hilbert Joachim Psychologie, Philosophie & Persönlichkeit [Online].- 10. März 2018.- 10. März 2018.- https://leben-ohne-limit.com/4487/gewaltfrei/.

Käbisch David Religionsunterricht und Konfessionslosigkeit: Eine fachdidaktische Grundlegung [Buch].- Tübingen: Mohr Siebeck, 2014.

Kant Immanuel Beantwortung der Frage: Was ist Aufklärung [Buch].- Berlin : Dearbooks Verlag, 2016.

Khan Hazrat Inayat Das Innere Leben; Der Zweck des Lebens [Buch].- Den Haag: East-West Publications, 1980.

Khorchide Mouhanad Islam ist Barmherzigkeit [Buch].- Freiburg im Breisgau: Verlag Herder GmbH, 2013.

Kramer Rolf Ulrich Emotionen meistern [Buch].- Ahlerstedt: Param Verlag, 2013.

Larsson Liv und Katarina Hoffmann Schlüsselunterscheidungen der GFK [Buch].- Paderborn: Junfermann Verlag, 2013.

Meyer Hilbert Was ist guter Unterricht? [Buch].- Berlin: Cornelsen Verlag Scriptor GmbH&Co. Kg.- 7. Auflage.

Moss Richard Die Kraft der Präsenz [Buch].- Augsburg: VAK Verlags GmbH, 2013.

Mushtaq Gohar The intelligent heart, the pure heart: an insight into the heart based on the Quran, Sunnah and modern science [Buch].- London: Ta-Ha Publishers Ltd., 2006.

Obst Gabriele Kompetenzorientiertes Lehren und Lernen im Religionsunterricht [Buch].- Göttingen: Vandenhoeck & Ruprecht, 2015.

Oerter Rolf und Weber Erich Der Aspekt des Emotionalen in Unterricht und Erziehung [Buch].- Donauwörth: Ludwig Auer, 1975.

Orth Gottfried Friedensarbeit mit der Bibel [Buch].- Göttingen: Vandenhoeck&Ruprecht GmbH.

Rosenberg Marshall B. Die Sprache des Friedens sprechen - in einer konfliktreichen Welt [Buch]/ Übers. Pasztor Susann.- Paderborn: Junfermannsche Verlagsbuchhandlung, 2006.

Rosenberg Marshall B. Gewaltfreie Kommunikation - Eine Sprache des Lebens [Buch].- Paderborn: Junfermann Verlag, 2012.

Rosenberg Marshall B. Konflikte lösen durch Gewaltfreie Kommunikation [Buch].- Freiburg im Breisgau: Verlag Herder GmbH.

Rosenberg Marshall Was dir deine Wut sagen will: überraschende Einsichten [Buch].- Paderborn: Junfermann Verlag, 2009.

Rothgangel Martin, Adam Gottfried und Lachmann Rainer Religionspädagogisches Kompendium [Buch].- Göttingen: Vandenhoeck & Ruprecht, 2013.

Schauer Manfred Die Macht des Wortes [Buch].- [s.l.]: Molden Verlag, 2013.

Schmidt Bernd [Online].- 14. Juli 2018.- http://www.schmidt-bernd.eu/veranstaltungen/glueck/das-Glueck-bei-aristoteles.pdf.

Stemme Fritz Die Entdeckung der Emotionalen Intelligenz [Buch].- München: Wilhelm Goldmann Verlag, 1997.

Tausch Anne-Marie und Tausch Reinhard Erziehungspsychologie. Begegnung von Mensch zu Mensch [Buch].- Hogrefe, Göttingen, Bern, Toronto, Seattle: Verlag für Psychologie, 1998.

Tewes Renate "Wie bitte?" - Kommunikation in Gesundheitsberufen [Buch].- Berlin: Springer Verlag GmbH, 2010.

Toshihiko Izutsu. God and Man in the Qur'an [Buch].- Tokyo: Islamic Book Trust, 1964.

Von Gizycki Katja Kartenset zur Gewaltfreien Kommunikation.- Berlin: Spree Druck GmbH, 2011.

Wagner Petra Die Sprache des Herzens; Impulse für Eltern, Lehrer und Schüler [Buch].- Norderstedt: Books on Demand, 2014.

Winter Eyal Kluge Gefühle: Warum Angst, Wut und Liebe rationaler sind, als wir denken [Buch]= Feeling Smart: Why Our Emotions Are More Rational Thank We Think/ Übers. Stadler Harald.- Köln: DuMont Buchverlag, 2014.- 1.

Ziefle Dorina [Online].- https://dorinaziefle.files.wordpress.com/2010/01/bild-11.png.

Anhang

Abstract

Die vorliegende Arbeit befasst sich mit der Frage, wie eine lebendige Gott-Mensch-Beziehung im Rahmen des Islamischen Religionsunterrichtes initialisiert werden kann und welche Kompetenzen hierbei bei der Lehrperson erforderlich sind. Die Arbeit ist in zwei grundlegende Teile, wobei die ersten vier Kapitel ein theoretisches Grundgerüst vorstellen, wie Sprache und Emotionen unser Handeln und Denken beeinflussen und maßgeblich dazu führen, wie Koranverse verstanden werden können, aufgeteilt.

Im zweiten Teil, der sich aus den Kapiteln fünf und sechs zusammengesetzt, wird praktisch vorgestellt, wie das Aufschlüsseln der koranischen Suren nach der gewaltfreien Kommunikation im Rahmen des Islamischen Religionsunterrichtes angewandt werden können. Zudem wird im sechsten Kapitel darauf eingegangen, welche Kompetenzen SchülerInnen durch das Anwenden der angeführten Methode erwerben.

Dabei wurden die ersten vier Suren al-Fatiha, al-Baqara, Al 'Imran und an-Nisā bedürfnisorientiert nach der gewaltfreien Methode mit dem Kartenset von Katja von Gizicky aufgeschlüsselt.

In der Arbeit ist deutlich erkennbar, dass die Auseinandersetzung mit den koranischen Suren nach der gewaltfreien Kommunikation einen lebendigeren Bezug zum Leser herbeiführt.

Abbildungs- und Tabellenverzeichnis